PFERDE

KENNEN UND VERSTEHEN

PFERDE

KENNEN UND VERSTEHEN

Corinne Clark

Parragon

Bath New York Singapore Hong Kong Cologne Delhi Melbourne

Entwurf und Realisation: Atlantic Publishing

Parragon Books Ltd
Queen Street House
4 Queen Street
Bath BA1 1HE, UK

Übersetzung: Ronit Jariv, Köln
Lektorat: Ulrike Reinen, Köln
Satz: Birgit Beyer, Köln
Projektkoordination: trans texas publishing, Köln

ISBN 978-1-4075-6974-1
Printed in China

INHALT

EINLEITUNG 10

Das Pferd in Mythen und Legenden 14

DIE ENTWICKLUNG DES PFERDES 18

Die Geschichte des Pferdes 20

Rassen und Typen 22

Farben und Abzeichen 23

Pferde in Sport und Freizeit 24

PONYS 26–81

Basuto-Pony 28–29

Nooitgedachter 30

Manipuri-Pony 31

Sumba- und Sumbawa-Pony 32

Mongolisches Pony 33

Australisches Pony 34–35

Konik 36–37

Kaspisches Pony 38–39

Galiceño-Pony 40

American-Shetland-Pony 41

American-Walking-Pony 42

Rocky-Mountain-Pony 43

Pony of the Americas 44–45

Haflinger 46

Dales-Pony 47

Dartmoor-Pony 48–49

Exmoor-Pony 50
Fell-Pony 51
Hackney-Pony 52–53
Highland-Pony 54
Lundy-Pony 55
New-Forest-Pony 56–57
Shetland-Pony 58–59
Welsh-Mountain-Pony 60–61
Welsh-Cob 62
Welsh-Pony 63
Ariègeois 64–65
Französisches Reitpony 66
Landais-Pony 67
Pottok-Pony 68
Islandpferd 69
Connemara-Pony 70–71
Fjordpferd 72
Garrano 73
Falabella-Pony 74–75
Pindos-Pony 76
Bardigiano-Pony 77
Aveligneser 78–79
Sorraia 80–81

✓ 2

LEICHTE PFERDE 82–193

Berber 84–85
Indisches Halbblut 86
Kathiawari 87
Marwari 88
Achal-Tekkiner 89
Przewalski-Pferd 90–91
Australian Stock Horse 92–93
Brumby 94
Waler 95
Furioso 96–97
Gidran 98
Nonius 99
Shagya-Araber 100–101
Litauer 102
Kabardiner 103
Tersker 104
Trakehner 105
Wielkopolski 106
Russischer Traber 107
Budjonny 108
Don-Pferd 109
Orlow-Traber 110–111
Araber 112–113
Persischer Araber 114–115
Canadian Cutting Horse 116
American Bashkir Curly 117
Appaloosa 118–119
American Saddlebred 120
Colorado Ranger 121
Missouri Foxtrotter 122–123
Morab 124
Morgan 125
Mustang 126–127
Palomino 128–129
Pinto 130–131
Quarter Horse 132–133
Rocky-Mountain-Pferd 134
Standardbred 135
Tennessee Walker 136–137
Belgisches Warmblut 138
Cleveland Bay 139
Hackney 140–141

Englisches Vollblut 142–143
Anglo-Araber 144–145
Welsh-Cob 146–147
Dänisches Warmblut 148
Frederiksborger 149
Knabstrupper 150
Camargue-Pferd 151
Französischer Traber 152–153
Selle Français 154
Bayerisches Warmblut 155
Hannoveraner 156–157
Holsteiner 158–159
Oldenburger 160
Rheinisches Warmblut 161
Westfale 162–163
Württemberger 164
Holländisches Warmblut 165
Friese 166–167
Gelderländer 168
Groninger 169
Schwedisches Warmblut 170
Einsiedler 171
Criollo 172–173
Mangalarga Marchador 174
Paso Peruano 175
Paso Fino 176–177
Calabreser 178–179
Maremmano 180
Murgese 181
Salerner 182
Sanfratellano 183
Altér Real 184–185
Lipizzaner 186–187
Andalusier 188–189
Kartäuser 190
Hispano 191
Lusitano 192–193

SCHWERE PFERDE 194–225

Kladruber 196
Muraközer 197
Wladimirer Kaltblut 198
Noriker 199
Brabanter 200–201
Clydesdale 202–203
Shire 204–205
Suffolk Punch 206
Jütländer 207
Ardenner 208–209
Auxois 210
Boulonnais 211
Bretone 212
Comtois 213
Percheron 214–215
Normannischer Cob 216
Poitevin 217
Rheinisches Kaltblut 218–219
Schleswiger 220
Niederländisches Kaltblut 221
Irish Draught 222–223
Nordschwede 224
Italienisches Kaltblut 225

PFERDETYPEN 226–239

Hunter 228–229
Hack 230–231
Reitpony 232–233
Cob 234–235
Polo-Pony 236–237
Maultier 238–239

GLOSSAR 240–253

Register 254–255
Bildnachweis 256

EINLEITUNG

Pferde gibt es schon seit Millionen von Jahren, und sie haben stets eine wichtige Rolle in der Geschichte der Menschheit gespielt. Als der Mensch zum Reiter wurde, gewann er an Macht. Er konnte weiter sehen, schneller vorwärtskommen und leichter längere Strecken zurücklegen. Der menschliche Verstand war, gepaart mit der Ausdauer und Beweglichkeit des Pferdes, Basis für eine dauerhafte Partnerschaft zwischen Mensch und Tier. Da das Pferd ein Herdentier ist, ließ es sich leicht domestizieren. Die Rolle, die das Pferd über die Jahrtausende hinweg im Leben der Menschen gespielt hat, ist unschätzbar: Es hat sowohl Personen als auch Lasten befördert, Milch, Fleisch und Felle geliefert und kaum etwas als Gegenleistung beansprucht, denn Pferde suchen sich ihre Nahrung selbst, sind genügsam und passen sich extremen Temperaturen und Umweltbedingungen an.

Über solch praktische Aspekte hinaus ist das Pferd ein wunderschönes Tier, und zwischen Pferd und Reiter kann es zu einer einzigartigen Verschmelzung kommen. Wer jemals einer der atemberaubenden Vorführungen der berühmten Lipizzaner an der Spanischen Reitschule in Wien beiwohnen durfte, wird dies bestätigen. Ein gut geschultes Pferd ahnt schon im Voraus, was von ihm verlangt wird, und viele Pferde lernen, gewisse Aufgaben eigenständig auszuführen – Kutschpferde auf regelmäßigen Lieferrunden wissen zum Beispiel bald von allein, wo sie anhalten müssen.

Das Stutbuch

Pferderassen sind nicht so genau definiert wie zum Beispiel Katzen- oder Hunderassen. Das liegt zum Teil an der längeren Trächtigkeit von Stuten, die dazu führt, dass die Herausbildung klar definierter Merkmale mehr Zeit braucht. Zudem werden Pferde noch nicht sehr lange intensiv gezüchtet – die meisten Stutbücher sind keine hundert Jahre alt.

Stutbücher registrieren den Stammbaum einer Pferderasse und gehen dabei so weit wie möglich in die Vergangenheit zurück. Sie müssen deutliche Rassemerkmale ausgebildet haben, wozu eine Durchschnittsgröße, spezifische Charakteristika des Körperbaus, die Art der Bewegung sowie bei manchen Rassen die Fellfarbe gehören.

Es gibt zwei Arten von Stutbüchern: offene und geschlossene. Im geschlossenen Buch können nur Pferde registriert werden, deren Abstammung weitreichend dokumentiert ist. Auf diese Weise wird die Reinheit der Rasse gesichert. Rassen mit geschlossenem Stutbuch besitzen sehr klare Merkmale, die ohne Abschwächung an nachfolgende Generationen weitergegeben werden. In ein offenes Stutbuch können hingegen auch fremd- oder mischblütige Pferde Eingang finden, vorausgesetzt ihre Eltern sind registrierte Tiere. Auf diese Weise kann die Zucht wunschgemäß verändert werden, typische Merkmale gehen aber möglicherweise verloren.

Der Aufbau dieses Buches

Pferderassen lassen sich in drei Gruppen aufteilen: Ponys, leichte Pferde und schwere Pferde. Dazu gibt es noch eine Gruppe von Pferdetypen, die jeder Rasse angehören können (weitere Informationen dazu auf Seite 22). Die vorliegenden Beschreibungen gliedern sich in diese vier Gruppen, wobei die rasseunabhängigen Pferdetypen zum Schluss genannt sind. Innerhalb der drei anderen Gruppen sind die Rassen zuerst nach globaler Region und dann nach Ländern aufgeführt.

Links: Eine Darstellung von Pferden und Reitern auf einer Wandmalerei aus Haveli im indischen Rajasthan

DAS PFERD IN MYTHEN UND LEGENDEN

Es verwundert kaum, dass das Pferd Gegenstand vieler Mythen und Legenden ist. Eine der bekanntesten Figuren ist wohl das Einhorn, das man in unterschiedlichen Versionen in der Mythologie vieler Völker findet. In westlichen Überlieferungen handelt es sich traditionell um ein anmutiges weißes Pferd mit langer wehender Mähne. Sein Horn wächst aus der Stirnmitte, ist meistens spiralförmig gedreht und manchmal golden. Das Horn soll die Wirkung eines Gegengifts haben, und dem Blut des Tieres werden ebenfalls heilende Kräfte zugesprochen. Das Einhorn kann jedoch nur von einer Jungfrau gefangen und gezähmt werden. In frühen Illustrationen sieht das Einhorn allerdings eher wie eine Kreuzung aus Ziege und Pferd aus, mit Kinnbart und gespaltenen Hufen. Ein ähnliches mythologisches Wesen namens Kirin kennt man in Japan. In der Antike beschrieb der Römer Plinius das Einhorn als Tier mit dem Körper eines Pferdes, dem Kopf eines Hirsches, den Füßen eines Elefanten und dem Schwanz eines Wildschweins, mit einem schwarzen Horn auf der Stirn. Dieses Einhorn ist ein wildes, laut brüllendes Tier, das niemals lebendig gefangen werden kann. Doch im Gegensatz zu vielen furchterregenden Fabelwesen wird das Einhorn im Wesentlichen als gutartig angesehen.

Der Zentaur ist halb Mensch, halb Pferd – meistens mit dem Kopf und Oberkörper eines Mannes und dem Unterkörper eines Pferdes. Zentauren sind wilde und gesetzlose Kreaturen, die gern einen über den Durst trinken und holde Jungfrauen entführen. Eine Ausnahme bildet Cheiron, ein weiser und gütiger Zentaur, der die griechischen Helden Jason und Achilles unterrichtete. Zentauren kommen auch in der antiken Herakles-Sage vor. In jüngerer Zeit findet sich der Zentaur etwa in Michael Endes „Unendlicher Geschichte“ als der Heiler Cairon, und im fünften Harry-Potter-Band „Harry Potter und der Orden des Phönix“ von J. K. Rowling wird der Zentaur Firenze Lehrer an der Zauberschule Hogwarts.

Pferde spielen in vielen antiken Götterlegenden eine Rolle. Ein sehr bekannter griechischer Mythos ist der von Pegasus, einem geflügelten Pferd, das von Poseidon abstammt, dem Gott der Pferde und des Meeres, und Medusa, der schlangenköpfigen Gorgone, die mit ihrem Blick Lebewesen versteinern kann. Als Medusa vom griechischen Helden Perseus getötet wird, entspringt Pegasus ihrem Körper. Später wird Pegasus von Bellerophon eingefangen, und zwar mithilfe eines goldenen Sattels, der Bellerophon von Athene, der Göttin der Weisheit, überreicht wird. Doch als er versucht, das magische Pferd zu besteigen, wirft Pegasus ihn ab und galoppiert zum Him-

Rechts: Pegasus-Statue in Paris

mel. In einer anderen Version reitet Bellerophon Pegasus, um die Chimäre zu töten, ein Monster mit Löwenkopf, Ziegenkörper und Drachenschwanz. Nach vollbrachter Tat reitet Bellerophon mit Pegasus in den Himmel, um die Götter um einen Gefallen zu bitten, doch der durch Bellerophons Dreistigkeit erzürnte Zeus sendet eine Bremse aus, um Pegasus zu stechen. Das Pferd wirft seinen Reiter ab und galoppiert davon.

Pferde werden oft mit dem Himmel in Verbindung gebracht. In nordischen Sagen stammt das Tageslicht nicht von der Sonne, sondern entspringt den Mähnen der Pferde. In der griechischen Mythologie fährt Sonnengott Helios bei Tag eine Kutsche über den Himmel, vor die die vier Pferde Pyrois, Eoos, Aithon und Phlegon gespannt sind. Nachts wird er von seiner Schwester Selene, der Mondgöttin, abgelöst, die in einer zweispännigen silbernen Kutsche vorüberzieht.

Oft wurde das Pferd im Laufe der Geschichte mit Religion verbunden. Das „Uffington White Horse" aus der Eisenzeit, das stilisierte Bild eines Pferdes, welches in der englischen Landschaft in die Vegetation geschnitten wurde und die darunterliegende Kreide sichtbar macht, könnte Zeichen eines alten Pferdekultes sein. In römischer Zeit wurde Epona, die Göttin der Pferde, Esel und Maultiere, in vielen Ländern verehrt, in die die römischen Legionen einzogen. Da sie auch Göttin der Fruchtbarkeit war, wird sie auf vielen Bildern mit Fohlen dargestellt. Die vier apokalyptischen Reiter tauchen im letzten Buch des Neuen Testaments auf, der Offenbarung des Johannes, und sind Boten der Zerstörung. Der Reiter auf einem weißen Pferd symbolisiert Macht oder Eroberung, der auf einem roten Pferd bringt Gewalt oder Krieg, der auf einem schwarzen Pferd steht für Armut oder Hungersnot und der vierte auf einem bleichen Pferd repräsentiert den Tod.

Die berühmteste Pferdenachbildung ist das Trojanische Pferd, das in Vergils epischem Gedicht „Aeneis" sowie in Homers „Odyssee" erwähnt wird. Nachdem sie Troja zehn Jahre lang erfolglos belagert haben, bauen die Griechen ein hohles Holzpferd auf Rädern, das sie bis an das Stadttor schieben. Dies hinterlassen sie den Trojanern als Abschiedsgeschenk, bevor sie scheinbar abziehen. Die Warnungen der Weissagerin Kassandra ignorierend, bringen die Trojaner das Pferd in die Stadt und feiern das Ende der Belagerung. Am nächsten Morgen, während sie noch ihren Rausch ausschlafen, öffnet sich das hohle Pferd, und heraus kommen griechische Krieger unter der Führung von Odysseus. Sie öffnen der griechischen Armee die Tore, und Troja wird besiegt. Heute noch bedeutet der Begriff „Trojanisches Pferd" etwas, das harmlos aussieht, hinter dem sich aber eine Falle verbirgt.

Links: Nachbildung des Trojanischen Pferdes

DIE ENTWICKLUNG DES PFERDES

DIE GESCHICHTE DES PFERDES

Das erste pferdeähnliche Tier war der *Eohippus*. Es lebte vor etwa 60 Millionen Jahren, hatte die Größe eines Hundes und besaß vier Zehen an den Vorder- und drei Zehen an den Hinterfüßen. Im Laufe der nächsten 20 Millionen Jahre wurden Sumpfgebiete zu Steppen, und der *Eohippus* verwandelte sich in den dreizehigen *Mesohippus*, der wiederum zum *Merychippus*, einem Tier mit längeren Beinen und einem großen Mittelzeh mutierte. Der erste echte Einhufer war *Pliohippus*, der vor etwa sechs Millionen Jahren auftauchte und seitlich angesetzte Augen sowie ein zum Grasen geeignetes Gebiss aufwies. Zebras (*Equus zebra*), Esel (*equus asinus*) und Asiatische Wildesel (*Equus hemionus hemionus*) stammen ebenfalls vom *Pliohippus* ab, sind also mit dem Pferd verwandt. Zebras kommen im südlichen Afrika vor, Esel stammen aus Nordafrika, haben sich aber weltweit verbreitet, und Wildesel leben in Asien und dem Nahen Osten.

Der erste echte Vorfahre des Pferdes war der *Equus caballus*. Er lebte vor etwa einer Million Jahren in Amerika, Europa und Asien, die damals noch eine zusammenhängende Landmasse bildeten, und ähnelte den heutigen Primitivrassen. Nach der letzten Eiszeit verschwanden die Landbrücken, und das Pferd war in Amerika ausgestorben, bis die spanischen Eroberer es wieder einführten. Aus dem *Equus caballus* entwickelten sich drei verschiedene Typen: *Equus Przewalskii Gmelini Antonius*, der Tarpan, Vorfahre der meisten leichten Pferderassen und heute noch in Polen existierend; *Equus Przewalskii Prezewalskii Poliakow*, das Mongolische Wildpferd oder Przewalski-Pferd, das 1881 wiederentdeckt wurde; und *Equus Silvaticus*, das Waldpferd, das inzwischen ausgestorben ist, aber als Vorfahre der meisten schweren Pferderassen gilt.

Die weitere Evolution ist nicht eindeutig belegt, doch man geht davon aus, dass sich vier Unterarten entwickelten, bevor das Pferd domestiziert wurde: Ponytyp 1 aus dem nordwestlichen Europa ähnelte dem Exmoor-Pony; Ponytyp 2 aus dem nördlichen Eurasien war schwerer, mit konvexem Profil und glich dem Przewalski-Pferd; Pferdetyp 3 aus Zentralasien entsprach dem Achal-Tekkiner; Pferdetyp 4 aus Westasien war wahrscheinlich der Vorfahre des Arabers. Diese vier Typen breiteten sich mit zunehmender Domestizierung des Pferdes geografisch stärker aus.

Jüngere Pferderassen sind durch selektive Züchtungen entstanden, die bestimmte wünschenswerte Merkmale verstärken. Sie werden in Vollblut, Warmblut und Kaltblut unterteilt (siehe Seite 22).

RASSEN UND TYPEN

Die verschiedenen Pferderassen können in Ponys, leichte Pferde und schwere Pferde unterteilt werden. Bei vielen Rassen ist die Einteilung klar, doch es gibt einige, deren Merkmale nicht genug ausgeprägt sind, um sie eindeutig zu klassifizieren.

Pony

Ponys sind generell kleiner als Pferde und haben viel Gurtentiefe in Relation zu ihrer Größe. Sie sind meist trittsicher, weisen eine hohe Knieaktion auf und gelten als sehr anpassungsfähig. Meistens sind sie charaktervoll, aber ruhig.

Leichtes Pferd

Dieser sehr allgemeine Begriff umfasst Reitpferde, deren Rücken nicht zu breit für das bequeme Auflegen eines Sattels ist. Ihre Aktion ist raumgreifender und flacher als die des Ponys, und die schrägen Schultern begünstigen einen sanften Reitstil.

Schweres Pferd

Schwere Pferde sind groß und kräftig und haben an den Fesseln häufig einen dichten Haarwuchs, der „Behang" oder „Kötenbehang" genannt wird. Die Schultern sind steil, was das Anlegen eines Geschirrs begünstigt, und mit ihrer Zugkraft können sie Pfluggeräte, Kutschen und andere Geräte oder Transportmittel ziehen. Manche Rassen werden auch geritten.

Pferdetypen

Dabei handelt es sich um eine Gruppe von Pferden, die sich unabhängig von ihrer Rasse für einen bestimmten Zweck besonders eignen. Cob, Hunter, Polo-Pony, Reitpony und Hack gehören dazu.

Vollblut, Warmblut und Kaltblut

Die Einteilung in diese drei Kategorien hat nichts mit der Temperatur des Blutes zu tun, sondern bezieht sich auf den Stammbaum und das Temperament. Vollblüter wie zum Beispiel der Araber sind aktive, schnelle, temperamentvolle und reinrassige Pferde. Kaltblüter sind schwere Pferde, meist aus Nordeuropa, die ruhiger sind und sich gemächlicher fortbewegen. Warmblüter sind Kombinationen von Voll- und Kaltblut in unterschiedlicher Gewichtung.

FARBEN UND ABZEICHEN

Pferde können Tausende verschiedener Kombinationen von Fellfarben und -mustern haben. Manche Rassen weisen festgelegte Farben oder Muster auf, andere nicht.

Farben

Neben den Grundhaarfarben Braun, Schwarz und Weiß gibt es unzählige weitere Schattierungen. Pferde ohne jegliche Farbpigmentierung nennt man Albinos.

Muster

Das Fell von Schecken setzt sich aus weißen und dunklen Flecken zusammen. Schwarzweiß gefleckte Tiere nennt man auch „Piebald", „Skewbald" beinhaltet alle anderen Farben. Das Appaloosa ist ein geflecktes Pferd mit fünf festgelegten Fleckenmustern.

Abzeichen

Weißfärbungen im Fell eines Pferdes nennt man Abzeichen. Ein karoförmiges Abzeichen auf der Stirn nennt man „Stern", auf der Nase ist es eine „Schnippe". Läuft ein breiter weißer Streifen längs die Gesichtsmitte hinab, so ist dies eine „Blesse". Ist der Streifen schmaler, so wird das Abzeichen „Schnurblesse" genannt. Pferde können auch völlig weiße Gesichter (Laterne), weiße Mäuler (Krötenmaul) oder weiße Lippen (Milchmaul) haben. Auch die Abzeichen auf den Beinen haben ihre eigenen Bezeichnungen: Ein schmaler Kranz oberhalb des Hufes ist eine „weiße Krone", geht das Abzeichen bis zur Fessel, so spricht man von einer „weißen Fessel", und reicht es bis zum Sprunggelenk, handelt es sich um einen „hochweißen Fuß".

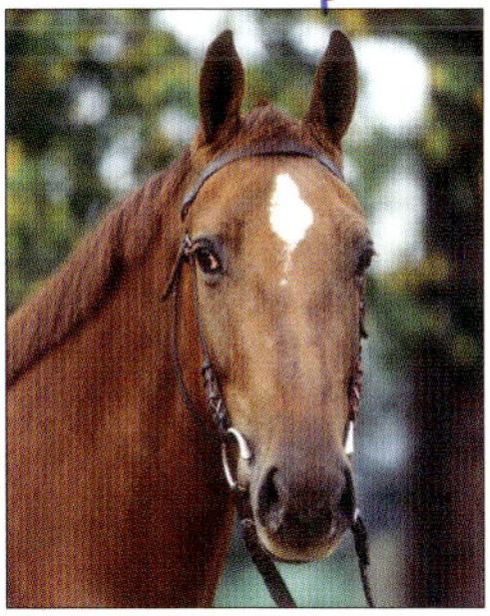

Oben: Rassepferde können anhand ihrer Abzeichen identifiziert werden. Von links nach rechts: Stern, Blesse, Laterne

PFERDE IN SPORT UND FREIZEIT

Seit Pferde domestiziert wurden, sind Menschen stolz darauf, ein besonders schönes, geschicktes oder schnelles Tier zu besitzen, und so war es nur eine Frage der Zeit, bis man sportliche Wettbewerbe einführte.

Galopprennen

Galopprennen, wie wir sie heute kennen, entstanden nach Entwicklung des Vollblüters in Großbritannien im 17. Jahrhundert und breiteten sich dann schnell nach Amerika und Neuseeland aus. Viele der berühmten britischen Rennbahnen wurden zu dieser Zeit angelegt. Im 18. Jahrhundert wurde der Galopprennsport mit Gründung des Jockey Clubs zum ersten amtlichen Sport Großbritanniens.

Trabrennen

Beim Trabrennen balanciert der Fahrer auf einem leichten zweirädrigen Sulky, das eigentlich nur ein Sitz auf einer u-förmigen Achse ist. Fahrsport gibt es bereits seit Jahrtausenden. Schon die alten Griechen und Römer hielten Wagenrennen ab.

Dressurreiten

Der Begriff „Dressur“ stammt aus dem Französischen und bedeutet so viel wie „Training“. Die Pferdedressur wurde ursprünglich von der Kavallerie entwickelt, denn in

Oben: Die Dressur wurde von der Kavallerie entwickelt, um die Pferde auf den Kriegseinsatz vorzubereiten. Gegenüberliegende Seite: Fahrwettbewerbe sind seit Jahrhunderten beliebt.

der Schlacht war es von unschätzbarem Vorteil, wenn das Pferd auf Kommandos sofort reagierte. Im 17. und 18. Jahrhundert kam das Dressurreiten durch Vorführungen in Mode, wie sie heute immer noch an der Spanischen Reitschule in Wien stattfinden. Zur sportlichen Wettkampfdisziplin wurde es dann im 20. Jahrhundert.

Springreiten

Auch das Springreiten hat einen militärischen Ursprung: Im späten 19. Jahrhundert wurden Kavalleriepferde darauf trainiert, über Hindernisse zu springen.

Eventing

Diese umfassende Vielseitigkeitsprüfung für Pferd und Reiter besteht aus drei Teilen: Dressurreiten, Querfeldeinrennen und Springreiten.

Freizeitreiten

Wanderreiten ist heutzutage vielerorts sehr populär und für alle Reitstufen geeignet, da dabei in gemäßigtem Tempo geritten wird.

PONYS

BASUTO-PONY

Das Basuto-Pony gehört zwar zu den bekanntesten Ponyrassen Südafrikas, stammt allerdings ursprünglich vom Kap-Pferd ab, das 1653 von der Niederländischen Ostindien-Kompanie in die Kapregion eingeführt wurde. Nach Lesotho kamen die Kap-Pferde als Kriegsbeute. Sie wurden durch Mischung mit Vollblütern und Arabern größer und edler, während das Basuto-Pony mit einheimischen Ponys gekreuzt wurde und dadurch klein und untersetzt blieb. Im Burenkrieg gelangte das Pony als Kriegspferd zu Ruhm, doch viele der besten Tiere wurden dabei getötet. In letzter Zeit hat man versucht, die Rasse wiederzubeleben. Die Ponys werden heutzutage zu Transportzwecken und als Rennpferde eingesetzt und sind darüber hinaus sehr beliebt bei Touristen, die auf ihrem Rücken Trekking-Touren bestreiten.

Herkunft: Lesotho
Blut: Warmblut
Stockmass: bis 145 cm
Farbe: Fuchs, Brauner, Dunkelbrauner, Schimmel
Lebensraum: Fels- und Hügellandschaft
Eignung: Wanderpferd, Rennpferd, Polopferd
Charakter: sanftmütig, trittsicher, mutig
Merkmale: hübscher Kopf auf langem Hals, langer gerader Rücken, muskulöse Hinterhand, kurze Beine

NOOITGEDACHTER

HERKUNFT: Südafrika
BLUT: Warmblut
STOCKMASS: 134–153 cm
FARBE: Brauner, Rotschimmel, Fuchs
LEBENSRAUM: Transvaal
EIGNUNG: Wanderpferd, Reitpferd, Springpferd
CHARAKTER: gutmütig, freundlich
MERKMALE: hübscher Kopf, schräge Schulter, gut entwickelte Hinterhand, gute Beine, harte Hufe

Die Rasse stammt vom Basuto-Pony ab, enthält aber auch Blut vom Araber und Kap-Pferd. Möglicherweise ist sie die seltenste der Welt, da sie nur auf einigen Hundert Farmen in Afrika gezüchtet wird. In den 1940er-Jahren war das Basuto-Pony vom Aussterben bedroht, weshalb das südafrikanische Landwirtschaftsministerium 1951 auf der Nooitgedachter-Forschungsstation im östlichen Transvaal einen strengen Zuchtplan befolgte. Nur die besten Fohlen wurden eingesetzt, um für die neue Züchtung die hervorragenden Eigenschaften des Basuto-Ponys zu erhalten: Ausdauer, Trittsicherheit und Zutraulichkeit. Das Nooitgedachter-Pony ist intelligent, leicht trainierbar, und seine harten Hufe müssen nur selten beschlagen werden. Es ist hervorragend als Reitpony für Kinder geeignet, wird aber auch zum Patrouillieren und Wanderreiten in Wildreservaten eingesetzt.

MANIPUR-PONY

Das Manipur-Pony ist recht klein, jedoch sehr schnell, wendig und zäh. Man nimmt an, dass es vom mongolischen Wildpferd abstammt und mit orientalischen Rassen sowie Arabern durchkreuzt ist. Es wurde seit Einführung dieses Spiels in Manipur im 7. Jahrhundert als Polopony eingesetzt. Als sich Polo in Europa und Amerika verbreitete, setzte man die Größenbegrenzung jedoch allmählich herauf, und heutzutage werden größere Ponys bevorzugt. Die Tiere wurden im 17. Jahrhundert von der berühmten Manipur-Kavallerie verwendet und dienten im Zweiten Weltkrieg der britischen Armee in Burma als Transportponys. Heutzutage werden sie in Indien immer noch beim Polo, beim Militär sowie für Rennen eingesetzt. Die Rasse zeichnet sich durch Geschwindigkeit, Ausdauer und Intelligenz aus.

HERKUNFT: Indien
BLUT: Warmblut
STOCKMASS: bis 132 cm
FARBE: Brauner, Fuchs, Schimmel, Schecke
LEBENSRAUM: Tropen
EIGNUNG: Polopferd, Rennpferd
CHARAKTER: intelligent, robust
MERKMALE: ansprechender Kopf mit breitem Maul, muskulöser Hals, breite Brust, kompakter Körper, muskulöse Hinterhand, dicke Mähne

SUMBA- UND SUMBAWA-PONY

HERKUNFT: Indonesien
BLUT: Warmblut
STOCKMASS: bis 124 cm
FARBE: Falbe mit schwarzem Aalstrich und dunklem Mähnen- und Schweifhaar
LEBENSRAUM: karges Tropengebiet
EIGNUNG: Tragtier, Wanderpferd, leichtes Zugpferd
CHARAKTER: fügsam, ruhig, zutraulich
MERKMALE: primitiv, großer schwerer Kopf, kurzer muskulöser Hals, tiefe Brust und langer Rücken

Bei beiden Ponyarten handelt es sich um dieselbe Rasse, sie sind nur nach der jeweiligen Insel Sumba oder Sumbawa benannt, von der sie kommen. Ursprung ist eine Wildpferdrasse, die Tiere haben aber wahrscheinlich sowohl chinesisches als auch mongolisches Blut. An die karge Inselvegetation gewöhnt, sind diese Ponys zäh und genügsam. Mit ihren schweren Köpfen, der Falbfarbe mit Aalstrich und dem dunkleren Mähnen- und Schweifhaar ähneln sie Wildpferden. Im Gegensatz zu echten Wildpferden sind sie jedoch fügsam, schnell und wendig. Auf den Inseln werden sie als Tragtiere, leichte Zugpferde und Reitponys eingesetzt sowie beim schnellen und beliebten Sport des Lanzenwerfens. Einige Ponys werden zum Tanzen abgerichtet. Sie tragen Glöckchen an den Knien und werden von kleinen Jungen zum Trommelrhythmus geritten.

MONGOLISCHES PONY

Vom wilden Przewalski-Pferd abstammend, gehört das Mongolische Pony zu den ältesten Pferderassen der Welt. Wahrscheinlich wurde es von Dschingis Khan und seiner Armee in Asien und Europa geritten, und es hat viele Primitivmerkmale des Wildpferdes behalten. Es gibt vier Haupttypen, die sich je nach Lebensraum voneinander unterscheiden. Der größte ist der Waldtypus, der sich am besten als Tragtier und Zugpferd eignet. Die Berg- und Steppentypen sind kleiner und besser zum Reiten geeignet. Der Wüsten-Typus ist die kleinste Art. Einige Ponys werden selektiv zur Milch- und Fleischgewinnung gezüchtet. Alle Typen haben ein derbes Exterieur und sind sehr robust und berühmt für ihre Ausdauer – einige legen pro Tag eine Wegstrecke von bis zu 190 km zurück. Preisgekrönte Ponys haben eine laterale Gangart, die besonders über längere Distanzen bequem ist.

HERKUNFT: Mongolei
BLUT: Warmblut
STOCKMASS: 122–143 cm
FARBE: Falbe, Rappe, Brauner, Fuchs, Palomino
LEBENSRAUM: Wald, Gebirge, Steppe und Wüste
EIGNUNG: Zugpferd, Tragtier, Wanderpferd, Milch- und Fleischlieferant
CHARAKTER: phlegmatisch, allgemein umgänglich
MERKMALE: verhältnismäßig großer Kopf, muskulöser Hals, kurzer untersetzter Körper, kurzer kompakter Rücken, kräftige Hinterhand, kurze Beine

AUSTRALISCHES PONY

Das Australische Pony entwickelte sich aus einer Mischung verschiedener Rassen, die von australischen Siedlern ins Land gebracht wurden, denn in Australien gab es ursprünglich keine einheimischen Pferde. Die importierten Pferde kamen vorwiegend aus Südafrika und Indonesien, doch später wurden der Zucht auch britische Rassen hinzugefügt – allen voran das Welsh-Pony – sowie Araber und Vollblüter. Aufgrund seines ausgeglichenen Temperaments ist das Pony für Kinder und Reitanfänger geeignet. Es macht aber auch bei Springreiten, Dressur und Gymkhana eine gute Figur. Die Tiere sind kräftig, intelligent und attraktiv. Mit ihren kompakten Körpern, hübschen Köpfen und großen Augen haben sie viele Merkmale des Welsh-Ponys behalten. Die Beine sind kurz, aber wohlgeformt. Vom Zuchtverband werden alle Farben außer Schecken akzeptiert.

HERKUNFT: Australien
BLUT: Warmblut
STOCKMASS: 122–143 cm
FARBE: alle Grundfarben, aber meistens Schimmel
LEBENSRAUM: gemäßigtes Grasland
EIGNUNG: Wanderpferd, Dressurpferd, Trabrennpferd
CHARAKTER: umgänglich, zutraulich
MERKMALE: wohlgeformter Kopf, geschwungener Hals, tiefe Brust, kompakter Körper, kurzer gerader Rücken, kurze kräftige Beine

KONIK

Konik bedeutet auf Polnisch „kleines Pferd". Das Pony ähnelt dem Huzule, denn beide Pferde kommen aus derselben Region und stammen vermutlich vom Tarpan ab, der im 19. Jahrhundert ausstarb. Durch Zufügen von Araberblut bekam es im Laufe seiner Geschichte ein edleres und attraktiveres Aussehen und wird heutzutage im staatlichen Gestüt von Jezewice und in Popielno selektiv gezüchtet, um seine Rassemerkmale zu erhalten. Weil es robust, genügsam, langlebig und sparsam in der Haltung ist, wird es in der Landwirtschaft eingesetzt, vor allem beim Gemüseanbau. Sehr beliebt ist die Rasse inzwischen aufgrund ihres sanften Wesens auch als Kinderpony. Die hoch angesetzten Schultern mindern seine Wendigkeit, eignen sich aber für das Zuggeschirr.

Herkunft: Polen
Blut: Warmblut
Stockmass: bis 133 cm
Farbe: Graufalbe mit dunklem Aalstrich
Lebensraum: kühles Flachland
Eignung: Wanderpferd, leichtes Zugpferd
Charakter: ruhig, arbeitsam
Merkmale: wohlproportionierter Kopf auf kurzem muskulösem Hals, schräge Schulter, kompakter Körper, kräftige Beine

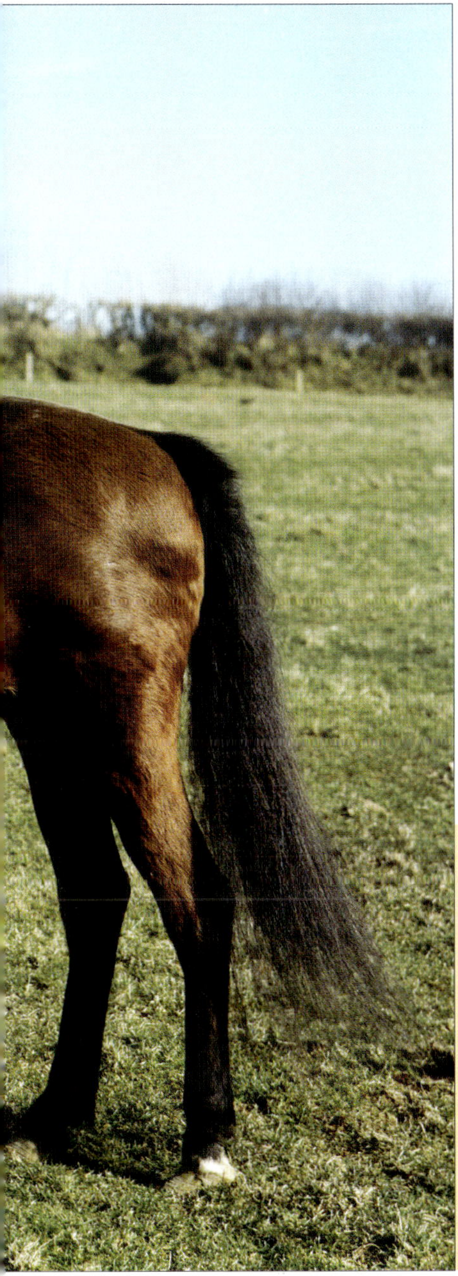

KASPISCHES PONY

Dieses Miniaturpferd ist vielleicht die älteste Pferderasse der Welt, denn es kann bis 3000 v. Chr. zurückverfolgt werden. Man hielt es für ausgestorben, doch 1965 wurde am Kaspischen Meer im Iran eine kleine Herde entdeckt. Einige der Pferde wurden als Grundstock einer sorgfältig kontrollierten Zucht ausgewählt, um die Originalmerkmale der Rasse zu erhalten. Mit seinen großen Augen, dem markanten Kiefer und dem hoch angesetzten Schweif sieht das Kaspische Pony wie die Miniaturversion eines Araberpferdes aus. Trotz seiner geringen Größe ist es sehr schnell – es kann mit viel größeren Pferden mithalten und sehr gut springen. Sein Temperament ist besonders ausgeglichen, was es zum idealen Reitpony für Kinder macht. Aufgrund seines weit ausschreitenden fließenden Ganges macht es sich auch gut als Schaupferd.

HERKUNFT: Arabische Halbinsel
BLUT: Vollblut
STOCKMASS: 102–122 cm
FARBE: Brauner, Fuchs, manchmal andere Grundfarben
LEBENSRAUM: Wüste
EIGNUNG: Reitpferd, Fahrpferd
CHARAKTER: sehr umgänglich, zutraulich
MERKMALE: klein, aber wohlproportioniert, schöner Kopf auf muskulösem Hals, schmaler Rücken, kräftige Hinterhand

GALICEÑO-PONY

HERKUNFT: Mexiko
BLUT: Warmblut
STOCKMASS: bis 142 cm
FARBE: alle Grundfarben
LEBENSRAUM: Savanne
EIGNUNG: Reitpferd, Fahrpferd, Arbeitspferd
CHARAKTER: friedlich, sanft
MERKMALE: edler Körperbau mit wohlproportioniertem Kopf auf muskulösem geschwungenem Hals, steile Schulter, schmale Brust und kompakter Körper

Das Galiceño-Pony wurde zwar in Mexiko gezüchtet, kommt aber ursprünglich aus dem Nordwesten Spaniens. Es stammt von den Pferden ab, die Cortés im 16. Jahrhundert nach Südamerika brachte. Das Pony ist zäh und drahtig, besitzt viel Ausdauer und Stehvermögen und einen ausgeprägten Rennschritt („Running Walk"). Dadurch besitzt es einen ausgesprochen geschmeidigen Gang, was es zum idealen Reitpony für Kinder und Reitanfänger macht, die bald vom Pony aufs Pferd wechseln wollen. Das Galiceño-Pony ist klug, vielseitig, schnell und lässt sich leicht trainieren. Es wird als Ranch-, Reitleichtes Zugpferd und Tragtier eingesetzt. Trotz seiner geringen Größe kann es einen ausgewachsenen Mann den ganzen Tag lang bei brütender Hitze über raues Gelände tragen.

AMERICAN-SHETLAND-PONY

Das American-Shetland-Pony stammt vom schottischen Shetland-Pony ab, das 1885 nach Nordamerika importiert wurde. Es wurde später mit Hackney-Ponys und kleinen Arabern gekreuzt und hat deshalb kaum noch Ähnlichkeit mit seinem Vorfahren. Es gibt zwei klar voneinander abgegrenzte Typen mit unterschiedlichen Stutbüchern. Typ A besteht aus reinen American Shetlands, während die Ponys von Typ B eine Kreuzung aus Typ A und entweder Hackney, Welsh oder Fahr-Schaupony sind. Das American Shetland ist sowohl intelligent und vielseitig als auch zäh und abgehärtet und zählt zu den beliebtesten Ponys in den USA. Die Schultern sind schräg, die Beine oft lang, sodass es, ähnlich wie das Hackney-Pony, eine hohe Aktion vorweist. Es macht sich hervorragend als Fahr-, Spring- und Dressurpony. Aufgrund seines umgänglichen Wesens gut für Kinder geeignet.

Herkunft: USA
Blut: Warmblut
Stockmass: bis 114 cm
Farbe: alle Grundfarben
Lebensraum: gemäßigte Klimazone, Steppenlandschaft
Eignung: Fahrpferd, Reitpferd, Trabrennpferd
Charakter: grundsätzlich gut
Merkmale: edler langer Kopf auf muskulösem geschwungenem Hals, langer schmaler Rücken, breite muskulöse Hinterhand, lange Beine, prächtiges Mähnen- und Schweifhaar

AMERICAN-WALKING-PONY

Herkunft: USA
Blut: Warmblut
Stockmass: bis 142 cm
Farbe: alle Grundfarben
Lebensraum: gemäßigte Klimazone
Eignung: Wanderpferd, Dressur- und Springpferd, Fahrpferd
Charakter: umgänglich, zutraulich
Merkmale: edler Kopf auf muskulösem Hals, breite tiefe Brust, kompakter Rücken, muskulöse Hinterhand

Dieses Pony sieht aus wie ein Araber und wurde gezielt zu einem großen schönen Schaupony herangezüchtet. Es dauerte viele Jahre, um die Kreuzung aus Tennessee Walking Horse und Welsh-Cob zu perfektionieren. Das Ergebnis ist ein Pony mit großer Ausstrahlung, das sieben verschiedene Gangarten beherrscht, darunter den „Pleasure Walk“, einen Viertaktgang zwischen Schritt und Trab, sowie den „Merry Walk“, einen schnelleren Viertaktgang mit deutlichem Kopfnicken. Die Gangarten hat das Pony vom Tennessee Walking Horse geerbt. Sein Kantern ist darüber hinaus besonders geschmeidig und ruhig, und es ist allgemein ein angenehmes Reittier. Vom Zuchtverein werden alle Grundfarben akzeptiert. Die maximal erlaubte Größe liegt jedoch bei 142 cm.

ROCKY-MOUNTAIN-PONY

Dieses Pony wurde erst in den 1980er-Jahren von Sam Tuttle aus Kentucky gezüchtet und ist damit eine der jüngsten Pferderassen. Tuttle besaß die Reitkonzession im Natural Bridge State Park und stellte fest, dass Reiter aller Altersklassen und Reitstufen sich auf dem Hengst „Old Tobe" mit seinem trittsicheren Viertaktgang wohlfühlten. Er startete also mit Old Tobe eine Zucht von Tieren, die nicht nur dessen Gang, sondern auch sein ruhiges, freundliches Wesen geerbt haben. Die Ponys sind robust und ausdauernd und können auch auf rauem Gelände lange Strecken zurücklegen. Sie sind nicht nur als Reitponys beliebt, sondern können als Fahrpferde vor leichte Karren und Kutschen gespannt werden. Das Rocky-Mountain-Pony gibt es in vielen Farben, am begehrtesten ist ein dunkles Schokoladenbraun mit flachsblondem Mähnen- und Schweifhaar.

Herkunft: USA
Blut: Warmblut
Stockmass: 144–163 cm
Farbe: alle Grundfarben, keine weißen Abzeichen am Rumpf
Lebensraum: gemäßigte Gebirgsregionen
Eignung: Reitpferd, Wanderpferd, Fahrpferd
Charakter: umgänglich, freundlich
Merkmale: hübscher Kopf auf langem elegantem Hals, tiefe breite Brust, muskulöse Schultern, wohlproportionierter Rücken

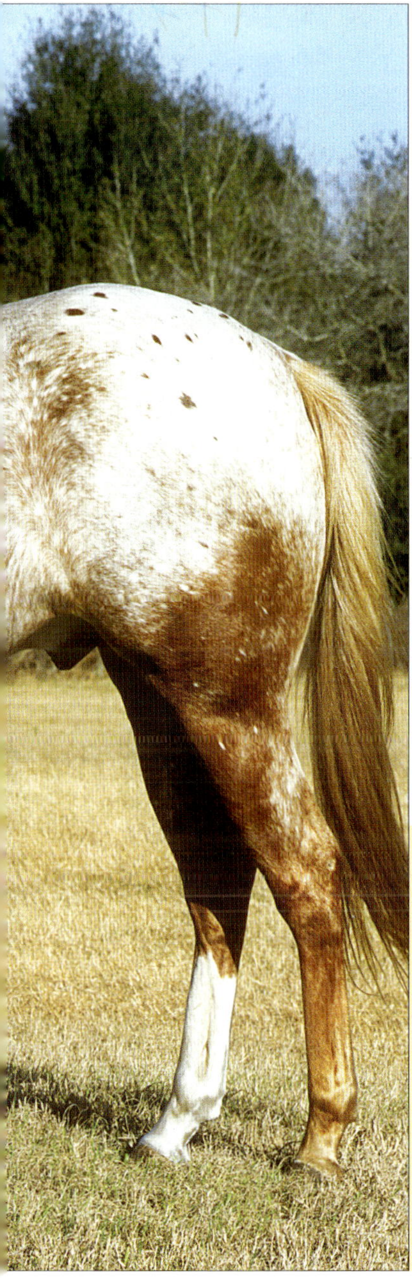

PONY OF THE AMERICAS

Diese neuere Rasse entstammt einer Kreuzung zwischen Shetland-Pony und einem Araber-Appaloosa aus den frühen 1950er-Jahren. Das erste Fohlen hatte ein schwarzes handförmiges Mal auf einer Hinterhand und wurde deshalb „Black Hand I." genannt. Später wurden Quarter Horse, Welsh und Araber in die Zucht aufgenommen und die Rassestandards darauf ausgerichtet, das ideale Reitpony für Kinder zu entwickeln. Der offizielle Zuchtverband akzeptiert nur Ponys, die ein anerkanntes Appaloosa-Fellmuster vorweisen, und die Größenbeschränkung wird ebenfalls streng gehandhabt. Das Pony of the Americas ist ausgesprochen sanftmütig und lässt sich leicht trainieren. Es hat eine fließende und ausgewogene Aktion, was es sowohl für Reitanfänger als auch für den Einsatz bei Schauwettbewerben geeignet macht. In den USA ist es ein beliebtes Kinderpony, wird aber auch häufig zum Trekking verwendet.

Herkunft: USA
Blut: Warmblut
Stockmass: 114–135 cm
Farbe: gefleckt in Appaloosa-Farben und -Mustern
Lebensraum: gemäßigte Weideregionen
Eignung: Wanderpferd, Schaupferd
Charakter: sanftmütig, leicht zu trainieren
Merkmale: edler Kopf mit leicht konkavem Profil auf geschwungenem Hals, schräge Schulter, muskulöser Körper, hochgetragener Schweif

HAFLINGER

HERKUNFT: Österreich
BLUT: Kaltblut
STOCKMASS: bis 153 cm
FARBE: Fuchs mit flachsblondem Mähnen- und Schweifhaar
LEBENSRAUM: Gebirge
EIGNUNG: Tragtier, Wanderpferd, leichtes Zugpferd, Fahrpferd
CHARAKTER: gutmütig
MERKMALE: schöner Kopf, kräftige Schulter, breiter kräftiger Rücken, muskulöse Hinterhand, ziemlich kurze Beine

Das üppige Mähnen- und Schweifhaar dieses Bergponys ist flachsblond und setzt sich markant vom braunen Fell ab, das von Rostrot bis Hellgold variiert. Die Rasse basiert, obwohl sie eigentlich zu den Kaltblutpferden gehört, auf einer Kreuzung aus dem inzwischen ausgestorbenen schweren Norischen Pferd mit Araberblut. Der Name kommt vom Dorf Hafling in Tirol. Die Ahnenreihe des Haflingers ist besonders rein, und das Hauptgestüt in Jenesien sorgt für die Erhaltung der typischen Rassemerkmale. Der Haflinger ist ein sehr kräftiges und robustes sowie athletisches, trittsicheres und kluges Pony mit einem schönen Kopf, ausdrucksvollen Augen und kleinen, hochgestellten Ohren. Sein gutmütiges Wesen ist ideal für Kinder und Reitanfänger. Es wird zudem als Fahrpony vor Schlitten oder Kutschen gespannt.

DALES-PONY

Das Dales-Pony stammt aus England und wurde ursprünglich als Tragtier gezüchtet. Es ist berühmt für seine Fähigkeit, schwere Lasten zu befördern. Zunächst wurde es dafür eingesetzt, Eisenerz aus den Minen Nordenglands zu transportieren, später fand es auf kleinen Bauernhöfen beim Pflügen oder für allgemeine Aufgaben Verwendung. Es ähnelt dem Fell-Pony und hat wahrscheinlich dieselben Vorfahren, ist jedoch schwerer gebaut. Zeitweise wurde es mit Welsh-Cob und Clydesdale gekreuzt. Vor etwa 100 Jahren nahm man einen Welsh-Hengst in das Zuchtprogramm auf, der dem Pony eine fließendere Gangart gab. Das Dales-Pony ist trittsicher und ruhig, wodurch es trotz seines Ursprungs als Arbeitspferd inzwischen zu einem beliebten Reittier geworden ist. Auch bei Trabrennen ist es sehr erfolgreich. Der volle Schweif reicht oft bis zum Boden.

HERKUNFT: Großbritannien
BLUT: Warmblut
STOCKMASS: bis 145 cm
FARBE: meistens Rappe, manchmal Schwarzbrauner oder Brauner
LEBENSRAUM: Heidemoor
EIGNUNG: Wanderpferd, Fahrpferd
CHARAKTER: umgänglich, zutraulich
MERKMALE: hübscher Kopf, kräftiger muskulöser Körper, prachtvolles Mähnen- und Schweifhaar, dichter seidiger Kötenbehang

DARTMOOR-PONY

Das Dartmoor-Pony lebte über Jahrhunderte halbwild in der Heidelandschaft des Dartmoor im englischen Devon und war mehrfach vom Aussterben bedroht. In der freien Natur sind heute nur noch wenige reinrassige Tiere zu sehen, die Rasse wird aber durch private Gestüte am Leben erhalten. Die meisten der heutigen Ponys stammen vom Araberhengst „The Leat" ab, der nach dem Ersten Weltkrieg in das Zuchtprogramm aufgenommen wurde. Das Dartmoor ist sehr athletisch und hat ein natürliches Springvermögen, was es zu einem beliebten und eleganten Reitpony macht. Es hat ein sehr angenehmes Wesen, ist freundlich und gutmütig und deshalb hervorragend als Erstpony für Kinder geeignet. Dartmoors geben auch gute Fahrponys ab. Akzeptierte Farben sind Braun oder Schwarz mit möglichst wenigen weißen Abzeichen. Schecken finden keinen Einlass ins Zuchtregister.

HERKUNFT: Großbritannien
BLUT: Warmblut
STOCKMASS: bis 124 cm
FARBE: Brauner, manchmal Rappe
LEBENSRAUM: Heidemoor
EIGNUNG: Wanderpferd, Fahrpferd
CHARAKTER: umgänglich, zutraulich
MERKMALE: schöner Kopf, muskulöser Hals, wohlproportionierter kompakter Körper, dichtes Mähnen- und Schweifhaar

EXMOOR-PONY

HERKUNFT: Großbritannien
BLUT: Warmblut
STOCKMASS: 122–125 cm
FARBE: Falbe mit schwarzen Punkten, Brauner
LEBENSRAUM: Heidemoor, Gebirge
EIGNUNG: Wanderpferd
CHARAKTER: angenehm
MERKMALE: kompakter Körper, breite Stirn, schwerlidriges „Krötenauge", fächerartiger Haarwuchs am Schweifansatz

Das Exmoor-Pony gehört wahrscheinlich zu den ältesten Pferderassen der Welt, denn sein Gebiss hat eine Besonderheit, die zwar bei Fossilien, nicht jedoch bei anderen modernen Rassen vorzufinden ist. Es weist eine erstaunliche Ähnlichkeit mit Höhlenzeichnungen von Ur-Wildpferden auf, könnte also deren Nachfahre sein, der aufgrund geografischer Isolation überlebt hat. Das Exmoor ist extrem widerstandsfähig und resistent gegenüber vielen Krankheiten. Zuchtversuche außerhalb seines natürlichen Lebensraumes waren bisher nicht erfolgreich, da die Nachkommen schnell die charakteristischen Rassemerkmale verlieren. Das wetter- und wasserfeste Winterfell hat ein wolliges Unterfell und ein längeres fettiges Oberfell. Die Augen haben schwere Oberlider – „Krötenaugen" –, und am Schweifansatz befindet sich ein ungewöhnlicher fächerartiger Haarwuchs.

FELL-PONY

Fell- und Dales-Ponys stammen wahrscheinlich beide vom inzwischen ausgestorbenen Galloway ab, einem schnellen und zähen schottischen Pferd. Ein anderer Einfluss stammt vom Friesenpferd, das von römischen Legionen nach Großbritannien gebracht wurde. Das Fell-Pony ist gleichermaßen ein kräftiges Reitpony, das einen ausgewachsenen Mann einen ganzen Tag lang tragen kann, sowie ein hervorragendes Tragtier, mit dem früher Blei, Schiefer und Kupfer von den Minen zu den Docks befördert wurden. Es hat eine geschmeidige und schnelle Gangart und ist zudem trittsicher und ruhig. Sehr gut eignet es sich als Kinderpony und kann auch bestens für die Jagd oder als Fahrpony eingesetzt werden. Das Fell-Pony besitzt besonders reines Blut. Weiße Abzeichen werden vom Zuchtverband nicht akzeptiert, da diese auf eine Kreuzung mit anderen Rassen hindeuten.

Herkunft: Großbritannien
Blut: Warmblut
Stockmass: bis 143 cm
Farbe: meistens Rappe, auch Brauner und Schimmel
Lebensraum: Heidemoor
Eignung: Reitpferd, Fahrpferd, Tragtier
Charakter: umgänglich, ruhig
Merkmale: zierlicher hübscher Kopf auf langem Hals, kräftiger Körper, muskulöse Vor- und Hinterhand, dichtes Mähnen- und Schweifhaar, Kötenbehang

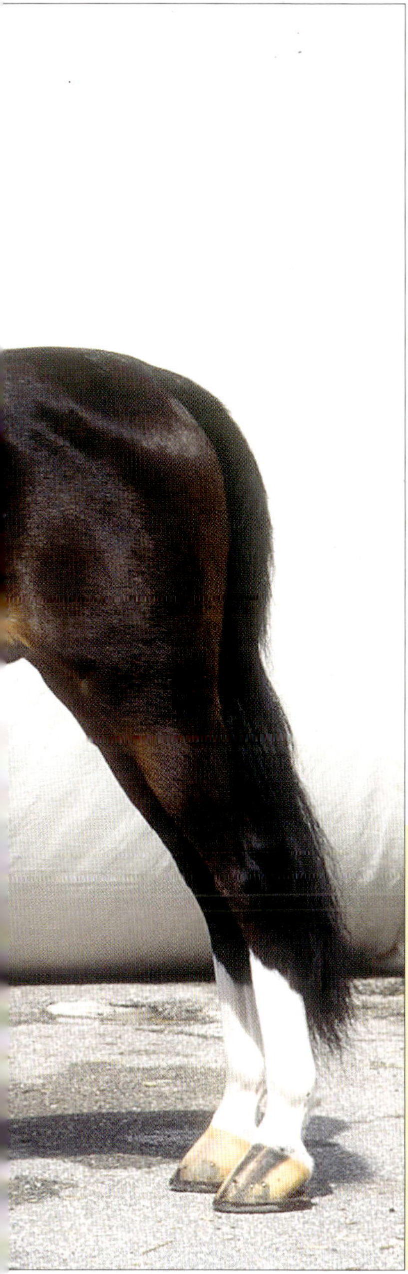

HACKNEY-PONY

Das Hackney-Pony wurde im 19. Jahrhundert von Christopher Wilson in Cumbria, Nordengland entwickelt. Zuchtgrundlage der neuen Schaupony-Rasse mit extrem hoher Beinaktion waren Fell- und Welsh-Ponys. Man ließ die Tiere auf sich gestellt auf der Heide überwintern, wodurch sie zäh und ausdauernd wurden und recht klein blieben. Das Hackney-Pony ist mit seinem seidig glänzenden Fell ein ausgesprochen elegantes Pony. Die Hufe lässt man häufig länger wachsen, um die spritzige Aktion des Tieres hervorzuheben. Es bewegt sich außergewöhnlich flüssig, hat einen hoch angesetzten Schweif und einen geschwungenen Hals. Meist wird es bei Pferdeschauen eingesetzt, wo es als Fahrpferd im Ring spektakuläre Darbietungen zeigt. Das Hackney-Pony teilt sich ein Stutbuch mit dem Hackney-Pferd, einer größeren und älteren Rasse.

Herkunft: Großbritannien
Blut: Warmblut
Stockmass: 124–143 cm
Farbe: alle Grundfarben
Lebensraum: Heide
Eignung: Fahrpferd
Charakter: grundsätzlich angenehm
Merkmale: kleiner wohlgeformter Kopf auf muskulösem geschwungenem Hals, kräftige Schulter und Hinterhand, hoch angesetzter Schweif

3+

HIGHLAND-PONY

Herkunft: Großbritannien
Blut: Warmblut
Stockmass: bis 145 cm
Farbe: alle Farben
Lebensraum: kühle Highlands
Eignung: Reitpferd, Fahrpferd, Tragtier
Charakter: umgänglich, gut lenkbar
Merkmale: stabiler, gut geformer Kopf auf langem Hals, tiefe kräftige Brust, muskulöse Hinterhand, kurze Beine

Das Highland-Pony hat sich über Jahrhunderte aus verschiedenen Rassen entwickelt, darunter französische Ponys, spanische Pferde, Fell- und Dale-Ponys sowie Araber. Aufgrund seines unwirtlichen Lebensraums ist es sehr robust und wetterfest, zudem kräftig, wendig und sanftmütig, sparsam in der Haltung und generell frei von vererbbaren Pferdekrankheiten. Es wurde früher als Tragtier, Reittier und in der Landwirtschaft eingesetzt. Bekannt war es für seine Fähigkeit, auch auf feuchtem Boden und durch tieferes Wasser zu laufen. Heute werden Highland-Ponys für Waldarbeiten sowie als Reit- und Wanderpferde eingesetzt. Außerdem befördern sie die Rehkadaver von den Hügeln herunter, nachdem der überschüssige Rehbestand erlegt wurde. Es kommen alle Grundfarben vor, darunter auch Falben mit schwarzem Aalstrich. Weiße Abzeichen sind nicht erwünscht.

LUNDY-PONY

Das Lundy-Pony ist eine junge Rasse, die auf der Insel Lundy an der südwestlichen Küste Großbritanniens entwickelt wurde. In den 1980er-Jahren verlagerte man die Herde jedoch aufs Festland nach Cornwall und Devon. Die Zucht basiert auf einer Kreuzung aus New-Forest-Pony und Araber. Später wurden noch Connemara- und Welsh-Mountain-Ponys hinzugemischt. Die Insel Lundy ist mit ihrem kargen Weideland und manchmal extremen klimatischen Verhältnissen recht unwirtlich. Das Pony hat sich deshalb zu einer robusten und in der Haltung sparsamen Rasse entwickelt. Aufgrund seines freundlichen Wesens und der kleinen Statur ist es ein ideales Reitpony für Kinder und zudem ein gutes Springpony. Einige Tiere wurden später wieder nach Lundy zurückgebracht, wo sie heute in einer kleinen Herde wild leben.

Herkunft: Großbritannien
Blut: Warmblut
Stockmass: bis 135 cm
Farbe: Falbe, Rotschimmel, Dunkelfuchs, Brauner, Palomino
Lebensraum: karg, gemäßigte Klimazone
Eignung: Reitpferd
Charakter: grundsätzlich gutmütig
Merkmale: schöner Kopf auf muskulösem Hals, wohlproportionierter kompakter Körper mit tiefer Brust und guter Hinterhand

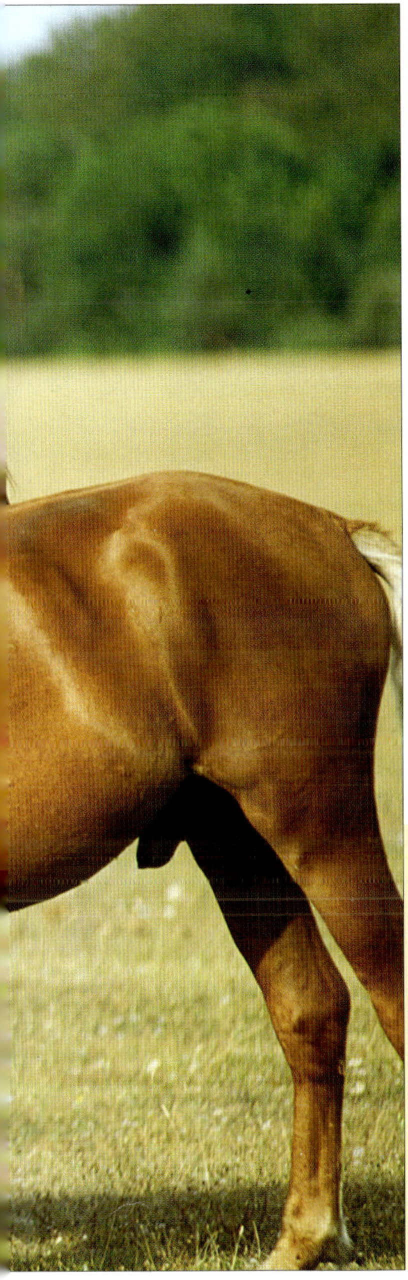

NEW-FOREST-PONY

Das vielseitige New-Forest-Pony lebt seit dem 10. Jahrhundert halbwild im Wald New Forest in der südenglischen Grafschaft und wird heute in Gestüten gezüchtet. Viele Tiere leben jedoch immer noch wild im Wald. Die Ursprünge der Rasse sind nicht bekannt, doch 1208 wurden Welsh-Ponys hinzugemischt, 1765 kam ein Vollblut-Hengst dazu und im späten 19. Jahrhundert ein Araber- und ein Berberhengst. Fell-, Dales-, Dartmoor-, Highland-, Welsh- und Exmoor-Ponys wurden gegen Ende des 19. Jahrhunderts verwendet, um die Rasse zu verbessern, doch das New-Forest-Pony hat sich seine Eigenheiten bewahrt. Es ist robust, wendig und wird als Reit-, Spring-, Dressur- und Fahrpony eingesetzt. Sein freundliches Wesen macht es zu einem guten Kinderpony, es kann aber auch leicht einen Erwachsenen tragen.

HERKUNFT: Großbritannien
BLUT: Warmblut
STOCKMASS: 122–145 cm
FARBE: alle Grundfarben, meistens Brauner
LEBENSRAUM: Heidemoor
EIGNUNG: Reitpferd, Fahrpferd, Dressurpferd
CHARAKTER: umgänglich, freundlich
MERKMALE: eher pferde- als ponyartiger Kopf, wohlproportionierter Körper, gute Hals- und Hinterhandmuskulatur, gut ausgebildete Beine

SHETLAND-PONY

Trotz seiner geringen Größe ist das Shetland-Pony so kräftig, dass es Erwachsene tragen kann und gilt, in Relation zu seiner Größe, als stärkstes Pony der Welt. Seine kleine Statur verdankt es der Unwirtlichkeit seines Herkunftsortes, den Shetland-Inseln nahe der Küste Schottlands. Die harten Lebensumstände haben es jedoch auch robust, wetterresistent und langlebig gemacht. Die ersten Tiere wurden vielleicht von den Wikingern ins Land gebracht, oder sie sind von Skandinavien aus eingewandert, als die Inseln noch mit dem europäischen Festland verbunden waren. Die Ponys haben im Laufe der Jahre ihr Äußeres nur wenig verändert. Als Kinderarbeit im Bergbau verboten wurde, dienten sie als willkommener Ersatz. Heute werden sie hauptsächlich als Einsteigerponys für Kinder oder einfach als Haustiere gehalten. Alle Farben außer Tigerschecken sind erlaubt.

Herkunft: Großbritannien
Blut: Warmblut
Stockmass: bis 102 cm
Farbe: alle Farben, inklusive Schecke (aber kein Tigerschecke)
Lebensraum: karg, gemäßigte Klimazone
Eignung: Reitpferd, Fahrpferd
Charakter: sanftmütig, zugänglich
Merkmale: kleiner wohlproportionierter Kopf, kurzer Hals, viel Gurtentiefe, kurze Beine, dichtes Mähnen- und Schweifhaar

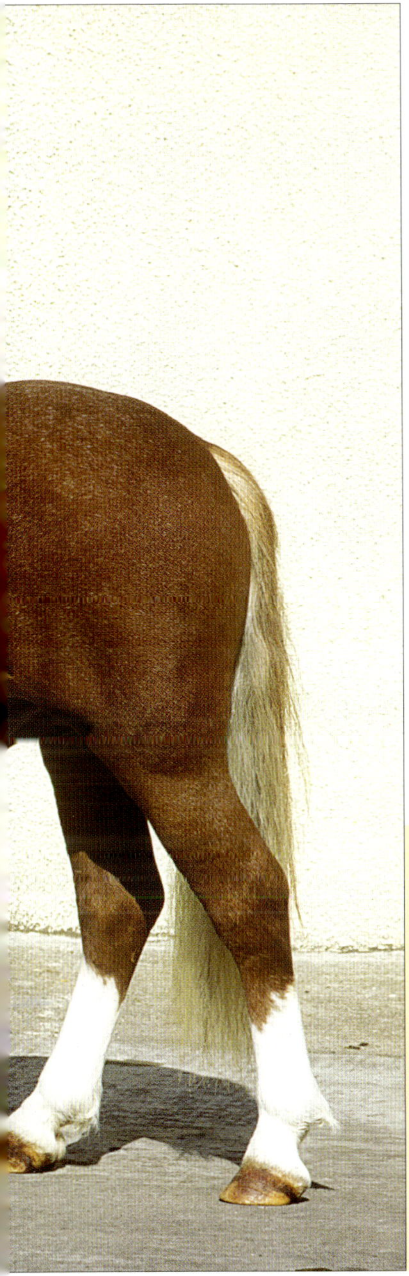

WELSH-MOUNTAIN-PONY

Das Welsh-Mountain-Pony (Sektion A) wurde schon von den Römern registriert und im Laufe der Jahre durch den Einfluss von orientalischem Blut sowie Kreuzungen mit Arabern, Vollblütern und Hackneys weiterentwickelt. Vom Araber hat das Pony sein attraktives Aussehen mit dem kleinen konkaven Kopf, dem zierlichen Gesicht und den großen Augen. Das Welsh Mountain ist das kleinste der Welsh-Rassen und bildet gleichsam den Grundstock, aus dem sich die anderen drei Rassen entwickelt haben. Sein Wesen ist sehr sanftmütig, was es zu einem guten Kinderpony macht. Es ist aber auch ausgesprochen kräftig, intelligent und als Fahrpony begabt. Die Unwirtlichkeit seines ursprünglichen Herkunftsortes hat das Pony ausdauernd, trittsicher, robust und sparsam in der Haltung gemacht. All diese Eigenschaften sind ihm bis heute erhalten geblieben.

Herkunft: Großbritannien
Blut: Warmblut
Stockmass: bis 122 cm
Farbe: alle Farben außer Schecke
Lebensraum: Gebirge, Moorheide
Eignung: Reitpferd, Fahrpferd
Charakter: umgänglich, ruhig, sanftmütig
Merkmale: Araberkopf auf geschwungenem Hals, tiefe Brust, kurzer Rücken, viel Gurtentiefe, muskulöse Hinterhand, wohlgeformte Beine

WELSH-COB

HERKUNFT: Großbritannien
BLUT: Warmblut
STOCKMASS: bis 135 cm
FARBE: alle Farben außer Schecke
LEBENSRAUM: Moorheide, Gebirge
EIGNUNG: Reitpferd, Wanderpferd, Fahrpferd
CHARAKTER: umgänglich, ausgeglichen
MERKMALE: hübscher Kopf auf muskulösem geschwungenem Hals, kompakter Körper mit tiefer Brust, viel Gurtentiefe, muskulöse Hinterhand

Im Stutbuch werden drei Typen von Welsh-Ponys geführt. Eine vierte Sektion (D) wird vom größeren Welsh-Cob eingenommen und normalerweise als Pferd klassifiziert. Das Welsh-Cob-Pony (Sektion C) ist sehr vielseitig und besitzt die besten Merkmale des Welsh-Mountain-Ponys (Sektion A), ist aber größer und schwerer. Sektion C und D entwickelten sich wahrscheinlich im 12. Jahrhundert, nachdem Welsh-Mountain-Ponys mit von den Römern eingeführten Pferden gekreuzt wurden, unter Zugabe von spanischen Rassen und später von Norfolk Trotter und Hackney-Pferden. Die Welsh-Cob-Ponys wurden als Arbeitstiere auf Bauernhöfen und in Schieferminen eingesetzt. Heute sind sie vornehmlich Reit- und Wanderpferde, sehr gute Fahrponys und hervorragende Springer. Sie sind robust, sparsam in der Haltung und daran gewöhnt, das ganze Jahr im Freien zu verbringen.

WELSH-PONY

Das Welsh-Pony hat vom Welsh-Mountain-Pony alle guten Eigenschaften geerbt, ist jedoch etwas größer und leichter, mit einer niedrigeren weicheren Aktion, wodurch es vielseitiger wird. Wie die anderen Welsh-Typen basiert es auf dem Welsh Mountain, gekreuzt mit Araber, Berber und wahrscheinlich dem Welsh-Cob. Das Welsh-Pony ist ein hervorragendes Springpferd und macht mit seiner frei fließenden Aktion im Schauring eine gute Figur. Es besitzt natürliche Balance und ein gutes Rhythmusgefühl, was beim Dressurreiten wichtig ist, und stellt sich auch als Fahrpferd geschickt an. Kurzum, es ist der perfekte Alleskönner und auch für junge Reiter empfehlenswert. Wie bei den anderen Welsh-Rassen auch, sind alle Farben außer Schecken zulässig. Welsh-Ponys werden weltweit exportiert, und es gibt inzwischen auch in den USA oder Australien Zuchtverbände.

Herkunft: Großbritannien
Blut: Warmblut
Stockmass: bis 135 cm
Farbe: alle Farben außer Schecke
Lebensraum: Gebirge, Heidemoor
Eignung: Reitpferd, Fahrpferd, Dressurpferd
Charakter: umgänglich, ruhig, sanftmütig
Merkmale: edler Kopf mit einem hübschen Maul, breite Stirn, geschwungener Hals, wohlproportionierter Körper, hoch getragener Schweif

ARIÈGEOIS

Diese alte Ponyrasse ist auch unter dem Namen Cheval de Mérens bekannt. Der Name Arièggois kommt vom Fluss Ariège in den östlichen Pyrenäen. Die Rasse hat sich im Laufe der Jahrhunderte wahrscheinlich nur wenig verändert, denn Höhlenzeichnungen aus der Region zeigen sehr ähnliche Tiere. Das robuste Bergpony fühlt sich bei Eis und Schnee wohl, verträgt Hitze jedoch nicht gut. Früher wurde es vorwiegend als Tragtier eingesetzt – besonders von Schmugglern, die ihre Ware über die Berge brachten, aber auch auf Bauernhöfen und im Bergbau. Das Pony ist meist unbeschlagen, auch wenn es raue Gebirgspfade erklimmt. Sein Fell ist völlig schwarz ohne weiße Abzeichen. Nur im Winter zeigen sich zuweilen rostfarbene Flecken. Aufgrund seines liebenswerten Wesens dient es heute oft als Reittier.

Herkunft: Frankreich
Blut: Kaltblut
Stockmass: 134–146 cm
Farbe: Rappe
Lebensraum: Gebirge
Eignung: Tragtier, leichtes Zugpferd, Reitpferd
Charakter: gutmütig, umgänglich
Merkmale: hübscher Kopf auf kurzem muskulösem Hals, stämmiger Körper mit tiefer Brust und steiler Schulter, niedrig angesetzter Schweif, dichtes Stirn- und Mähnenhaar

FRANZÖSISCHES REITPONY

HERKUNFT: Frankreich
BLUT: Warmblut
STOCKMASS: 124–145 cm
FARBE: alle Farben
LEBENSRAUM: gemäßigte Klimazone
EIGNUNG: Reitpferd
CHARAKTER: allgemein umgänglich
MERKMALE: kleiner edler Kopf auf mittellangem Hals, tiefe breite Brust, schräge Schulter, gerader Rücken, kräftige Beine

Das Französische Reitpony (Poney Français de Selle) ist eine relativ neue Züchtung, die in Frankreich als vielseitiges Schaupony für Kinder entwickelt wurde. Das Zuchtprogramm verwendete einheimische französische Ponys und Pferde, darunter das Landais-Pony und das Selle Français, und kreuzte sie mit Welsh, New Forest und Araber. Das Resultat ist ein sehr attraktives Pony mit edlem Kopf, großen Augen und wachsamen Ohren. Es hat einen wohlproportionierten Körper und trägt den Schweif hoch. Im Schauring macht es eine gute Figur. Das Wesen des Ponys ist ruhig und freundlich, obwohl manche Tiere etwas lebhaft und nervös sein können. Aufgrund seiner bunten Rassemischung sind alle Farben zugelassen, inklusive Schecken.

LANDAIS-PONY

Obwohl es sich um eine sehr alte französische Rasse handelt, die sich bis zum 8. Jahrhundert zurückverfolgen lässt, ist sie stark von Tieren anderer Länder beeinflusst, darunter Arabern, Berbern und Welsh. Es ist nach der waldreichen Region seiner Herkunft im Südwesten Frankreichs benannt. Aus dieser Gegend kam ein ähnliches, jedoch größeres und schwereres Pferd namens Barthais, doch die zwei Rassen vereinigten sich im Laufe der Zeit zu einer einzigen. Das Landais-Pony wurde früher als Trag- oder leichtes Zugtier verwendet, da es trotz seines zierlichen Körperbaus sehr kräftig und robust ist. Später wurde es bei der Zucht des Französischen Reitponys eingesetzt und dient heute wegen seines klugen, ruhigen und freundlichen Wesens meist als Kinderreitpony. Man ist bemüht, die Rasse zu erhalten, denn es existieren nur noch wenige reinrassige Landais-Ponys.

Herkunft: Frankreich
Blut: Warmblut
Stockmass: 115–134 cm
Farbe: Brauner, Fuchs, Rappe
Lebensraum: gemäßigte Klimazone
Eignung: Reitpferd, Fahrpferd
Charakter: meistens umgänglich, kann aber störrisch sein
Merkmale: kleiner Kopf mit breiter Stirn und geradem Profil, muskulöser Hals, schräge Schulter, kurzer breiter Rücken, abfallende Kruppe

POTTOK-PONY

HERKUNFT: Frankreich
BLUT: Warmblut
STOCKMASS: 112–145 cm
FARBE: alle Farben außer Schimmel
LEBENSRAUM: Gebirge
EIGNUNG: Tragtier, leichtes Zugpferd, Reitpferd
CHARAKTER: freundlich, fügsam
MERKMALE: wohlproportionierter Kopf mit konkavem oder geradem Profil, große Augen, schwere Schultern, breite Brust, langer Rücken

Das Pottok-Pony kommt aus der baskischen Region im Südwesten Frankreichs und wird deshalb manchmal auch „Baskisches Pony" genannt. Es handelt sich um eine alte Bergrasse, die wahrscheinlich vom inzwischen ausgestorbenen Tarpan stammt. Das Pony hat kein übermäßig reizvolles Exterieur, obwohl man versucht hat, die Rasse durch Zumischung von Araber und Welsh zu verbessern. Im Baskenland leben immer noch wilde Herden reinrassiger Pottok-Ponys, wovon einige jedes Jahr eingefangen und verkauft werden. Aufgrund ihrer Ausdauer, Kraft und Findigkeit werden sie heutzutage auch in Gestüten gezüchtet, aus denen hochwertigere Tiere hervorgehen. Das Pottok-Pony ist athletisch, robust und trittsicher und wurde oft als Tragtier oder leichtes Zugpony eingesetzt. Heute macht sein freundliches Wesen es zu einem guten Reitpony für Kinder.

2+

ISLANDPFERD

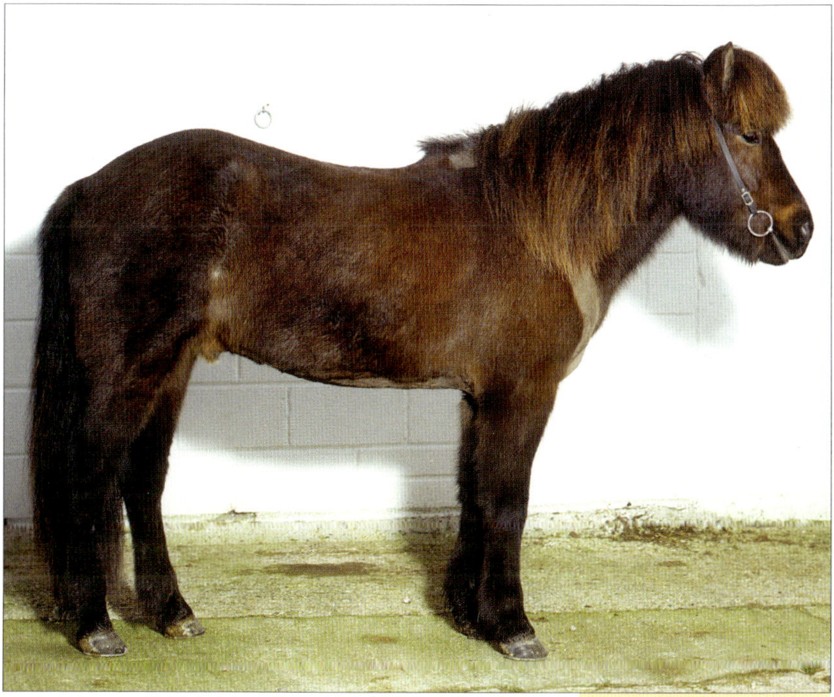

Das Islandpferd ist sehr klein und somit eigentlich ein Pony, obwohl es Pferd genannt wird. Ursprünglich kommt es nicht aus Island, sondern stammt wahrscheinlich von Pferden ab, die die Wikinger im 9. Jahrhundert dort einführten, darunter vermutlich Tarpane und Waldpferde. Islandpferde haben eine besonders reine Zuchtlinie, da seit 900 Jahren keine anderen Rassen zugemischt wurden, nachdem der Versuch einer Kreuzung mit Araberblut fehlschlug. Dieser Zuchtversuch wirkte sich nachteilig auf das einheimische Pferd aus, woraufhin die noch heute geltenden Gesetze erlassen wurden, die es untersagen, fremde Pferderassen zu importieren. Das Islandpferd wird für alle Arten von Arbeiten auf der Insel eingesetzt. Es hat fünf natürliche Gangarten: Schritt, Trab, Galopp, Pass und Tölt.

Herkunft: Island
Blut: Warmblut
Stockmass: 125–135 cm
Farbe: alle Farben
Lebensraum: Tundra
Eignung: Reitpferd, Fahrpferd, leichtes Zugpferd
Charakter: meistens ruhig, manchmal launisch
Merkmale: großer Kopf auf kurzem dickem Hals, stämmiger Körper, kräftige Beine, dichtes Mähnen- und Stirnhaar

CONNEMARA-PONY

Diese alte und in den bergigen Moorlandschaften Westirlands beheimatete Ponyrasse stammt von keltischen Ponys ab. Früher wurden die Tiere für Farmarbeiten eingesetzt. Spanische Jennets, Berber, Araber, Welsh-Cobs und Vollblüter wurden im Lauf der Jahre ins Zuchtprogramm eingeführt. Daraus ist ein attraktives, athletisches, wendiges Pony mit gutem Springvermögen entstanden. Das Connemara-Pony ist ausgeglichen, sehr intelligent und wetterfest. Ursprünglich waren es Falben mit schwarzem Aalstrich und schwarzen Punkten, heute kommen eher Schimmel und manchmal Braune vor. Die Ponys erbringen bei Wettkämpfen in Springreiten, Dressur, Eventing und Trabrennen hervorragende Leistungen. Sie sind gute Anfängerponys, aber auch groß genug, um von älteren Kindern und leichten Erwachsenen geritten zu werden.

HERKUNFT: Irland
BLUT: Warmblut
STOCKMASS: 132–145 cm
FARBE: Schimmel, Falbe, Brauner, Fuchs, Rotschimmel
LEBENSRAUM: sumpfiges Moorland
EIGNUNG: Wanderpferd, Fahrpferd
CHARAKTER: umgänglich, zutraulich
MERKMALE: edler zierlicher Kopf, schön geschwungener Hals, kompakter Körper, tiefe breite Brust, kräftige Hinterhand

FJORDPFERD

HERKUNFT: Norwegen
BLUT: Warmblut
STOCKMASS: 132–145 cm
FARBE: Falbe mit hellerem Schweif und zweifarbiger Mähne, dunkler Aalstrich
LEBENSRAUM: Taiga
EIGNUNG: Reitpferd, Fahrpferd, Tragtier
CHARAKTER: meistens ruhig, kann störrisch sein
MERKMALE: hübscher Kopf auf kräftigem Hals, stämmiger Körper, kurze kräftige Beine, zweifarbige Mähne mit dunklen Innen- und hellen Außenhaaren.

Das norwegische Fjordpferd ist eine sehr alte Rasse mit primitiven Merkmalen und ähnelt dem Asiatischen Wildpferd, das auch als Przewalski-Pferd bekannt ist. Die Wikinger ritten Fjordpferde und nahmen sie auf ihren Langbooten mit in andere Länder. Seit Wikingerzeiten wird die grobe zweifarbige Mähne zu einer Stehmähne gestutzt, bei der innen schwarzes und außen silberhelles Haar wächst. Die Tiere sind immer Falben in verschiedenen Schattierungen mit dunklem Aalstrich, das Schweifhaar ist dick und dicht. Mit seinem stämmigen Körper ist das Fjordpferd ein Kraftpaket, wirkt aber trotzdem recht elegant. Es ist ein gutes und vielseitiges Arbeitstier und wird oft zum Pflügen hügeliger Felder sowie als Fahrpferd eingesetzt. Manche Tiere werden auch geritten, da sie durch ihr sanftmütiges und gutwilliges Wesen für alle Reitstufen geeignet sind.

GARRANO

Das Garrano-Pony ist das portugiesische Gegenstück zum berühmteren Sorraia-Pferd aus dem benachbarten Spanien, allerdings weniger reinblütig. Die Garrano-Rasse ist sehr alt, ihre ursprünglichen Merkmale wurden aber durch fremdes – vorwiegend arabisches – Blut verwaschen. Sie stammt aus der fruchtbaren Gebirgslandschaft der Provinz Minho, weshalb das Pony auch Minho genannt wird. Möglicherweise ist das Garrano-Pony Vorfahre sowohl des Galiceño als auch des Andalusiers. Die robuste, kräftige Rasse hat ein ruhiges Wesen, obwohl einige Tiere recht nervös sein können. Die Ponys sind trittsicher und bewegen sich mühelos auf den steilen Pfaden, die durch das Walddickicht ihrer Heimat führen, weshalb sie früher vor allem der Armee als Tragtiere dienten. Für ihre Größe sind sie sehr schnell und laufen Trabrennen. Sie werden auch geritten und für leichte Farmarbeiten eingesetzt.

Herkunft: Portugal
Blut: Warmblut
Stockmass: 102–143 cm
Farbe: Brauner, manchmal Fuchs
Lebensraum: gemäßigtes Waldgebiet
Eignung: Fahrpferd, leichtes Zugpferd, Reitpferd, Tragtier
Charakter: grundsätzlich ruhig, kann aber nervös sein
Merkmale: schöner Kopf, manchmal mit konkavem Profil, langer Hals, kompakter Körper mit tiefer Brust und abfallender Kruppe, kurze Beine

FALABELLA-PONY

Miniaturpferde wie das Falabella-Pony wurden als Kuriositäten oder Haustiere gezüchtet. Ihre geringe Größe ist nicht auf Umweltbedingungen, sondern auf gezielte Zucht zurückzuführen, wobei immer die kleinsten Tiere miteinander gekreuzt wurden. Es wurden zwar auch natürliche kleine Ponyrassen wie Shetland, ein kleines Englisches Vollblut und Criollo ins Zuchtprogramm aufgenommen, doch um auf ein solch winziges Maß zu kommen, bedurfte es der Inzucht. Deshalb treten häufig Defekte wie schwache Sprunggelenke, schwere Köpfe und krumme Gliedmaßen auf. Die besten Tiere sind jedoch perfekte Miniaturpferde mit einem intelligenten und freundlichen Wesen. Sie werden oft über 40 Jahre alt. Aufgrund seiner Größe ist das Pony nicht als Reittier geeignet – außer für sehr kleine Kinder –, es ist jedoch verhältnismäßig kräftig und kann als Fahrpferd eingesetzt werden.

HERKUNFT: Argentinien
BLUT: Warmblut
STOCKMASS: bis 76 cm
FARBE: alle Farben
LEBENSRAUM: gemäßigte Klimazone
EIGNUNG: Modezucht
CHARAKTER: grundsätzlich ruhig
MERKMALE: proportional großer Kopf, steile Schulter, kompakter Körper, üppiges Mähnen- und Schweifhaar

PINDOS-PONY

HERKUNFT: Griechenland
BLUT: Warmblut
STOCKMASS: bis 132 cm
FARBE: Brauner, Rappe, Schimmel
LEBENSRAUM: Gebirge
EIGNUNG: Reitpferd, Fahrpferd, leichtes Zugpferd, Tragtier
CHARAKTER: grundsätzlich ruhig, kann aber störrisch sein
MERKMALE: recht grober Kopf auf mittellangem Hals, schmaler Körper mit schwacher Hinterhand, feinknochige Beine, hoch angesetzter Schweif

Die Ursprünge des Pindos-Ponys sind unklar, es könnte jedoch vom antiken Thessalier abstammen, mit Beimischung von Araberblut. Seine Heimat ist karg, im Sommer extrem heiß und im Winter sehr kalt. Das Pindos-Pony hat sich hervorragend an diese unwirtlichen Bedingungen angepasst – es ist robust und langlebig und kann über längere Zeit mit wenig Nahrung auskommen. Seine harten Hufe werden selten beschlagen, obwohl es oft auf felsigen Bergpfaden läuft. Es gehört zwar nicht zu den hübschesten Pferderassen, seine Ausdauer macht es aber bei den örtlichen Kleinbauern zu einem geschätzten Arbeitspony, Tragtier und Reitpony. Mit den Stuten werden manchmal hervorragende Maultiere gezüchtet, die sehr arbeitsam und sparsam in der Haltung sind. Das Pony hat allerdings den Ruf, recht schwierig und dickköpfig zu sein.

BARDIGIANO-PONY

Außerhalb seiner Heimat Italien ist das Bardigiano-Pony relativ unbekannt. Es ist eng mit Avelignese und Haflinger verwandt und ähnelt dem britischen Exmoor-Pony. Das Pony stammt aus den nördlichen Appeninen, wo es als Tragtier und für leichte Farmarbeit eingesetzt wird. Es ist kräftig und robust, ziemlich schnell, aber trittsicher sowie einfach und sparsam in der Haltung. Sein ruhiges und umgängliches Wesen macht es auch zu einem guten Wanderreitpony. Während der beiden Weltkriege wurden mit Bardigianos hervorragende Maultiere gezüchtet, wodurch sich jedoch die Anzahl reinrassiger Tiere verminderte. In den 1970er-Jahren versuchte man mit einigem Erfolg, die ursprüngliche Rasse zu züchten, doch es gibt bisher nur wenige Tiere, und das Überleben der Rasse ist nach wie vor ungewiss.

HERKUNFT: Italien
BLUT: Warmblut
STOCKMASS: bis 132 cm
FARBE: alle Grundfarben, aber meistens Brauner
LEBENSRAUM: gemäßigtes Gebirge
EIGNUNG: Tragtier, leichtes Zugpferd
CHARAKTER: umgänglich
MERKMALE: hübscher Ponykopf auf muskulösem Hals, kräftige steile Schulter, kompakter Körper, muskulöse Hinterhand, dichtes Mähnen- und Schweifhaar

AVELIGNESER

Der Aveligneser ist die italienische Version des Haflingers. Benannt ist er nach dem Ort Avelengo in der Gebirgsregion Alto Adige an der italienisch-österreichischen Grenze. Die zwei Rassen ähneln sich sehr und stammen wohl beide aus einer Kreuzung zwischen Araber und dem inzwischen ausgestorbenen schweren Norischen Pferd ab. Der Aveligneser wird in Italien häufig gezüchtet, da er – teilweise aufgrund der Unwirtlichkeit seines bergigen Herkunftsgebiets – arbeitsam, robust und ausdauernd ist. Das Pony ist größer als der Haflinger und vielseitig einsetzbar: in der Landwirtschaft und als Tragtier, wegen seiner Trittsicherheit und seines ruhigen Wesens aber auch als Wanderreitpony. Obwohl die Tiere recht groß sind, werden sie oft als Reittiere für Kinder oder nervöse Reiter benutzt.

HERKUNFT: Italien
BLUT: Kaltblut
STOCKMASS: bis 146 cm
FARBE: Palomino
LEBENSRAUM: Gebirge
EIGNUNG: Fahrpferd, Tragtier, Reitpferd
CHARAKTER: ruhig, umgänglich
MERKMALE: edler Kopf mit breiter Stirn, der zu einem schönen Maul ausläuft, kurzer muskulöser Hals, kräftige steile Schulter, breite Brust, muskulöse Hinterhand, Kötenbehang

SORRAIA

Das Sorraia-Pony ist ein Abkömmling der primitiven Urrasse Tarpan und hat einige Wildpferdcharakteristika bewahrt. Es ähnelt den Pferdedarstellungen in prähistorischen Höhlenmalereien. Die Rasse stammt aus der westlich gelegenen portugiesischen Tiefebene zwischen den Flüssen Sor und Raia. Sie ist nicht übermäßig attraktiv, dafür aber wendig, intelligent und leicht trainierbar. Früher wurde das Pony zum Viehtreiben und beim Ackerbau eingesetzt. Heute gibt es nur noch wenige reinrassige Tiere, eine kleine Wildherde wird jedoch in Portugal von der Familie d'Andrade gehalten. Das Sorraia-Pony hat einige amerikanische Rassen wie den Mustang beeinflusst, da die Tiere von den Spaniern in die Neue Welt importiert wurden. Es zählt auch zu den Vorfahren der spanischen Rassen Andalusier und Lusitano.

Herkunft: Portugal
Blut: Warmblut
Stockmass: bis 132 cm
Farbe: Falbe mit schwarzem Mähnen- und Schweifhaar
Lebensraum: gemäßigte Tiefebene
Eignung: Wildpferd, Fahrpferd, Reitpferd
Charakter: umgänglich, freundlich
Merkmale: schwerer Kopf mit konvexem Profil auf elegantem muskulösem Hals, kompakter Körper mit steiler Schulter, tiefe Brust und abfallende Kruppe

LEICHTE PFERDE

BERBER

Wie der Araber ist auch der Berber eine sehr alte Rasse, die auf viele spätere Pferderassen einen gewaltigen Einfluss hatte. Beide sind Wüstenpferde und somit sehr genügsam. Der Berber kommt aus Nordwestafrika. Er ist nicht so elegant und attraktiv wie der Araber, aber berühmt für seine Ausdauer, Wendigkeit und Schnelligkeit über kurze Distanzen und wurde einst als Kriegspferd geschätzt. Seine genaue Herkunft ist unbekannt – eine Theorie besagt, dass er von einem Wildpferd abstammt, das die Eiszeit überlebte. Unstrittig ist jedoch, dass die Gene des Berbers sehr dominant sind, da die Rasse sich über Jahrhunderte ihre Grundmerkmale bewahrt hat. Das Volk der Berber brachte die Pferde auf ihren Raubzügen mit nach Spanien, Frankreich und Portugal, und ihr Blut lässt sich im Andalusier, im Lusitano, im berühmten weißen Camargue-Pferd und sogar im Englischen Vollblut und im amerikanischen Mustang erkennen.

Herkunft: Marokko
Blut: Vollblut
Stockmass: 145–155 cm
Farbe: Fuchs, Rappe, Schimmel, Brauner
Lebensraum: Wüste
Eignung: Reitpferd
Charakter: nervös, launisch
Merkmale: schmaler Kopf mit konvexem Profil, muskulöser Hals, steile Schulter, tiefe Brust, abfallende Kruppe, niedrig angesetzter Schweif

INDISCHES HALBBLUT

HERKUNFT: Indien
BLUT: Warmblut
STOCKMASS: 152–163 cm
FARBE: alle Farben
LEBENSRAUM: Tropen
EIGNUNG: Reitpferd
CHARAKTER: gutmütig
MERKMALE: edler Kopf, manchmal sichelförmige Ohren, schräge Schulter, tiefe Brust, gerader Rücken, wohlgeformte Hinterhand, kräftige Beine

Die Rasse entstand aus einer Kreuzung zwischen dem indischen Kathiawari und dem australischen Waler mit Beimischung von Araber und Vollblut. Sie wurde in Militärgestüten gezielt als Kavalleriepferd gezüchtet. Das Indische Halbblut kommt gut mit der heißen und kargen indischen Landschaft zurecht und ist sowohl abgehärtet als auch sparsam in der Haltung. Durch seine ausländischen Vorfahren ist es größer und edler als andere einheimische Rassen. Früher wurde es als Haupttransportmittel der indischen Armee eingesetzt und wird auch heute noch als Tragtier und Reitpferd für die wenigen verbliebenen berittenen Kompanien verwendet. In vielen, vor allem ländlichen Regionen dient es der berittenen Polizei. Zivilen Einsatz findet es als Reitpferd auf Wettkämpfen, da es klug und fügsam ist.

KATHIAWARI

Benannt ist die Rasse nach der Halbinsel Kathiawar an der Westküste Indiens. Sie entstand im 14. Jahrhundert aus der Kreuzung von einheimischen Ponys und Araberpferden, die entweder importiert oder nach einem Schiffbruch an Land geschwommen waren. Das Pferd hat viele Arabermerkmale und wird in Indien sehr geschätzt. Es besitzt eine natürliche Gangart, aus der sich schließen lässt, dass zentralasiatische Rassen einen Teil seiner Ahnenreihe ausmachen. Früher wurde es nur von adligen Familien gezüchtet, doch heute stammen die meisten Tiere aus dem staatlichen Gestüt bei Junagadh. Im 19. Jahrhundert wurden sie sowohl von der britischen als auch der indischen Kavallerie als Kriegspferde eingesetzt. Heute verwendet man sie aufgrund ihrer Wendigkeit und Schnelligkeit beim Polo und anderen Reiterspielen. In einigen Gegenden Indiens dienen sie auch der berittenen Polizei.

Herkunft: Indien
Blut: Vollblut
Stockmass: bis 153 cm
Farbe: meist Fuchs, aber alle Grundfarben außer Rappe möglich
Lebensraum: Tropen
Eignung: Reitpferd, Polopferd
Charakter: meist ruhig, kann launisch sein
Merkmale: edler Kopf mit nach innen gebogenen Ohren, eleganter Hals, schmaler drahtiger Körper, schräge Schulter, tiefe Brust, schwache Beine

MARWARI

Herkunft: Indien
Blut: Vollblut
Stockmass: um 146 cm, aber bis 163 cm möglich
Farbe: alle Farben
Lebensraum: Tropen
Eignung: Reitpferd
Charakter: grundsätzlich umgänglich
Merkmale: langer Kopf mit nach innen gebogenen Ohren, muskulöser Hals, kompakter Körper, schräge Schulter, lange Beine

Obwohl er meist klein ist, gilt der Marwari als Pferd und nicht als Pony. Seine Herkunft ist unklar, doch man vermutet, dass er sich ähnlich entwickelte wie das geografisch benachbarte Kathiawari. Marwari-Pferde hatten den Ruf, im Kampf besonders mutig zu sein. Es hieß, dass ein Marwari-Pferd seinen Reiter auch verletzt in Sicherheit bringen und neben einem gestürzten Reiter Wache stehen würde. Die berühmte Imperial Cavalry ritt im 16. und 17. Jahrhundert vorwiegend Marwari-Hengste, und auch im Ersten Weltkrieg wurden sie eingesetzt. Danach ging der Bestand jedoch zurück, und in den 1930er-Jahren war die Rasse fast ausgestorben, doch der Maharadscha von Jodhpur nahm sich ihrer an und startete ein Zuchtprogramm. Heute erlebt sie dank der Unterstützung der Regierung und des Zuchtverbandes „Marwari Breeders' Association" einen Aufschwung.

ACHAL-TEKKINER

Vom Achal-Tekkiner sind Bildnisse bekannt, die sich auf das 9. Jahrhundert v. Chr. datieren lassen. Die Rasse ist somit älter als der Araber. Achal-Tekkiner wurden von Alexander dem Großen, Dschingis Khan und Marco Polo geschätzt, da sie unter widrigsten Umständen überleben und über lange Strecken außergewöhnliche Ausdauer beweisen. Ihre genaue Abstammung ist unbekannt, doch sie kommen aus der Region der Karakum-Wüste in Turkmenistan. Benannt ist die Rasse nach der Oase Akhal und dem Teke-Stamm. Aufgrund der dort herrschenden extremen Temperaturen und dem kargen Weideland wurden die Pferde genügsam und ausdauernd. Achal-Tekkiner werden traditionell als Rennpferde gezüchtet und heute auch beim Springreiten und der Dressur eingesetzt. Ein typisches äußeres Merkmal ist der ungewöhnliche metallische Glanz ihres Fells.

HERKUNFT: Turkmenistan
BLUT: Vollblut
STOCKMASS: 145–155 cm
FARBE: Fuchs, Falbe, Palomino, Brauner, Schimmel
LEBENSRAUM: Wüste
EIGNUNG: Reitpferd, Dressurpferd
CHARAKTER: meist ruhig, kann aber launisch sein
MERKMALE: edler Kopf auf langem muskulösem Hals, schmaler Körper mit tiefer, aber schmaler Brust und schräger Schulter, muskulöse Hinterhand, lange Beine

PRZEWALSKI-PFERD

Viele Jahre lang hielt man das Mongolische Wildpferd für ausgestorben. Im Jahre 1881 entdeckte der russische Colonel Nikolai Przewalski in der Mongolei jedoch zwei kleine Wildherden in den Tachin-Schara-Nuru-Bergen nahe der Wüste Gobi. Die wiederentdeckte Rasse wurde deshalb nach dem Colonel benannt, und man fing einige der wilden Pferde für Zoos und Forschungseinrichtungen. Nachdem die Wildpferde ausgestorben waren, züchtete man die Zootiere und setzte eine kleine Herde in Hustain Nuruu, einem Naturreservat in der mongolischen Steppe, ins Freie. Das Przewalski-Pferd ist das einzige echte bekannte Urwildpferd der Welt und wird allgemein als einer der Vorfahren des modernen Pferdes angesehen. Manche halten es jedoch für eine eigene Spezies, da es 66 Chromosomen hat, während alle anderen Rassen nur 64 besitzen.

Herkunft: Mongolei
Blut: Warmblut
Stockmass: bis 145 cm
Farbe: Falbe mit dunklem Aalstrich
Lebensraum: Steppe, Taiga
Eignung: Wildpferd
Charakter: stur und aggressiv
Merkmale: schwerer Kopf mit konvexem Profil, kurzer muskulöser Hals, gerader Rücken, steile Schulter, abfallende Kruppe, niedrig angesetzter Schweif und grobe Stehmähne

AUSTRALIAN STOCK HORSE

Nach dem Zweiten Weltkrieg war der Waler, die erste australische Pferderasse, fast ausgestorben. Einige der noch verbliebenen Tiere wurden mit Arabern und Vollblütern und später mit dem amerikanischen Quarter Horse gekreuzt. Das Resultat war das Australian Stock Horse, ein vielseitiges Arbeitspferd für alle Bedürfnisse. Vom Vollblut hat es das Aussehen, die Schnelligkeit und die gute Aktion, vom Waler kommen Kraft und Ausdauer sowie ein freundliches Wesen. Die Australian Stock Horse Society wurde 1971 gegründet und hatte 1979 bereits 40 000 Pferde registriert. Heute wird das Australian Stock Horse nicht nur zur Farmarbeit eingesetzt, sondern auch als Dressur- und Springpferd sowie für den landestypischen Sport des Campdrafting, bei dem Pferd und Reiter ein Tier aus einer Rinderherde isolieren und um einen Parcours treiben.

Herkunft: Australien
Blut: Warmblut
Stockmass: 145–165 cm
Farbe: meist Brauner, aber jede Grundfarbe möglich
Lebensraum: gemäßigt, Grasland
Eignung: Reitpferd, Dressurpferd, Springpferd
Charakter: umgänglich, fügsam
Merkmale: edler Kopf mit breiter Stirn, schräge Schulter, breite Brust, kräftiger Rücken, muskulöse Hinterhand, harte Hufe

BRUMBY

HERKUNFT: Australien
BLUT: Warmblut
STOCKMASS: 142–153 cm
FARBE: alle Farben
LEBENSRAUM: gemäßigt, Grasland
EIGNUNG: Wildpferd
CHARAKTER: widerspenstig, eigensinnig
MERKMALE: starke Variationen, doch meistens schwerer Kopf, steile Schulter, abfallende Kruppe, kräftige Beine

Der Brumby ist kein einheimisches Wildpferd, sondern stammt von den ersten Pferden ab, die nach Australien gebracht wurden, und ist deshalb eine Mischung vieler verschiedener Rassen. Er passte sich allzu gut dem harten australischen Klima an, was dazu führte, dass große Wildherden die einheimische Tier- und Pflanzenwelt schädigten. In den 1960er-Jahren wurden viele der als Schädlinge angesehenen Brumbys geschlachtet, was zu einem öffentlichen Aufschrei führte. Heute wird der Bestand durch gezielten Abschuss unter Kontrolle gehalten, wodurch auch der Gesundheitszustand der Herde verbessert wird. Der Brumby ist in der Regel kein besonders attraktives Pferd, obwohl sich gelegentlich ein schönes Exemplar findet. Die Tiere eignen sich kaum als Hauspferde, da sie listig, widerspenstig und eigensinnig sind.

WALER

1788 gelangten die ersten Pferde aus Südafrika nach Australien. Später wurden auch Pferde aus Europa importiert, darunter Vollblüter und Araber. Nachdem sie die qualvolle Überfahrt, die mindestens neun Monate dauerte, überlebt hatten, mussten sich die Tiere an einen fremden und unwirtlichen Lebensraum gewöhnen und lange Strecken durch das Buschland zurücklegen; es überlebten nur die Härtesten. Ursprünglicher Zuchtort war New South Wales an der Ostküste Australiens, wo die Pferde auf den riesigen Schafstationen eingesetzt wurden. Daher der Name „Waler". Waler sind hervorragende und sehr ausdauernde Reitpferde. Viele Tiere wurden nach Indien exportiert, wo sie der britischen und indischen Armee als Kavalleriepferde dienten. Am Ende des Zweiten Weltkriegs war der Bestand so stark dezimiert, dass der Waler vom Aussterben bedroht war.

HERKUNFT: Australien
BLUT: Warmblut
STOCKMASS: 152–165 cm
FARBE: Brauner, Fuchs, Rappe, Schimmel
LEBENSRAUM: gemäßigt, Grasland
EIGNUNG: Reitpferd, Dressurpferd, Springpferd
CHARAKTER: umgänglich, fügsam
MERKMALE: edler Kopf, schräge Schulter, tiefe Brust, kräftiger Rücken, muskulöse Hinterhand, harte Hufe

FURIOSO

Der Furioso wird inzwischen in ganz Mitteleuropa gezüchtet, entwickelt wurde die Rasse aber im 19. Jahrhundert vom Gestüt Mezöhegyes in Ungarn. Der Vollbluthengst „Furioso" und später der Norfolk Roadster „North Star" wurden mit Nonius-Stuten gekreuzt. North Star hatte einen beeindruckenden Stammbaum vorzuweisen, war er doch der Enkel von „Touchstone", dem Sieger von St. Leger und zweifachen Sieger des Ascot Gold Cups aus dem Jahre 1834. Die zwei Zuchtlinien wurden zunächst getrennt gehalten, nach 1885 aber zusammengeführt, wodurch die Furioso-Merkmale die Oberhand gewannen. Der Furioso ist ein hervorragendes Wettbewerbspferd und auch als Fahrpferd geeignet. Vom Vollblut hat die Rasse ihr attraktives Exterieur, ihre Schnelligkeit und die Größe, während Nonius und Norfolk Roadster für Ausdauer, Kraft und Zähigkeit verantwortlich zeichnen. Die Tiere sind weltweit eher selten, in einigen Regionen Europas aber sehr beliebt.

HERKUNFT: Ungarn
BLUT: Warmblut
STOCKMASS: um 163 cm
FARBE: Brauner, Fuchs, Rappe
LEBENSRAUM: kaltgemäßigte Klimazone
EIGNUNG: Reitpferd, Fahrpferd
CHARAKTER: ruhig, anpassungsfähig
MERKMALE: wohlproportionierter Kopf, muskulöser Hals mit dichter Mähne, schräge Schulter, langer Rücken, muskulöse Hinterhand, kräftige Beine

GIDRAN

Herkunft: Ungarn
Blut: Vollblut
Stockmass: meist 162–165 cm, aber bis 173 cm möglich
Farbe: meist Fuchs
Lebensraum: gemäßigte Klimazone
Eignung: Reitpferd, Springpferd
Charakter: kann launisch sein
Merkmale: edler Kopf, schräge Schulter, tiefe Brust, muskulöser wohlproportionierter Körper, recht langer Rücken, muskulöse Hinterhand, kräftige Beine

Der Gidran wurde im 19. Jahrhundert vom Gestüt Mezöhegyes in Ungarn entwickelt. Ursprünglich war ein Kavalleriepferd geplant, und man nahm mehrere Rassen ins Zuchtprogramm, darunter Spanisches Pferd, Nonius und einheimische ungarische Rassen, doch schließlich wurden Vollblut und Araber die Hauptzuchtlinien. Viele Tiere starben im Ersten Weltkrieg, und danach wurde die verbliebene Zucht mit Arabern und Kisbérern stabilisiert. Der Gidran ist bekannt für seine Schnelligkeit, Wendigkeit, Ausdauer und seinen Mut. Er ist elegant, aber gleichzeitig kraftvoll und ein hervorragendes Reit-, Spring- und Fahrpferd. Sein Temperament ist grundsätzlich ausgeglichen. Zurzeit ist die Rasse vom Aussterben bedroht, da es weltweit nur noch etwa 200 Exemplare gibt, die sich vorwiegend in Ungarn befinden.

NONIUS

Die Rasse ist nach dem Stammhengst „Nonius Senior" benannt, der aus Calvados in der Normandie kam, aber 1813 nach der Niederlage von Napoleon bei Leipzig von der ungarischen Kavallerie erbeutet wurde. Er stammte von einem englischen Halbblüter mit Norfolk-Roadster-Blut und einer Normänner-Stute ab. Obwohl er nicht sehr attraktiv war, zeugte er exzellente Nachkommen. Im berühmten Gestüt Mezöhegyes wurde er mit unterschiedlichen Rassen gekreuzt, darunter Andalusier, Araber, Kladruber und Lipizzaner. Die daraus entstandenen Tiere wurden mit ihm rückgekreuzt. Es entwickelte sich eine Zuchtlinie mit kleineren Tieren, die sich als Reitpferde eignen, und eine mit größeren schwereren, die gute Fahrpferde und leichte Zugpferde abgeben. Später wurde Englisches Vollblut in die Zucht eingeführt, woraus ausgezeichnete Wettbewerbspferde hervorgingen. Die Tiere sind kräftig, gut gebaut und vielseitig, aber nicht sehr schnell.

HERKUNFT: Ungarn
BLUT: Warmblut
STOCKMASS: 146–165 cm
FARBE: meist Brauner, manchmal Fuchs oder Rappe
LEBENSRAUM: kaltgemäßigte Klimazone
EIGNUNG: Reitpferd, Fahrpferd, leichtes Zugpferd
CHARAKTER: grundsätzlich umgänglich
MERKMALE: langer Kopf mit geradem oder konvexem Profil, muskulöser geschwungener Kopf, kräftige Schulter, tiefe Brust, breiter Rücken und Hinterhand

SHAGYA-ARABER

Der Shagya-Araber wurde im 19. Jahrhundert im Gestüt Bábolna entwickelt und sollte das perfekte Reitpferd für die ungarische leichte Kavallerie werden. Im 16. und 17. Jahrhundert waren unter der türkischen Besatzung viele orientalische Pferde nach Ungarn gelangt, weshalb die meisten ungarischen Rassen Araberblut enthalten. In Bábolna wollte man jedoch eine Rasse züchten, die alle guten Eigenschaften des Arabers besaß, aber größer als dieser war. Benannt wurde die neue Rasse nach dem Stammhengst Shagya, der 1836 aus Syrien kam und in dem sich Kraft, Ausdauer und Attraktivität des Arabers mit Größe und Stärke verband. In den 1940er-Jahren starben viele Tiere, und die Rasse war zeitweise vom Aussterben bedroht, hat sich aber inzwischen wieder erholt. Der Shagya-Araber ist für seine Schnelligkeit und Ausdauer bekannt und in verschiedenen Wettbewerbsdisziplinen einsetzbar.

HERKUNFT: Ungarn
BLUT: Vollblut
STOCKMASS: um 155 cm
FARBE: meist Schimmel, aber alle Grundfarben möglich
LEBENSRAUM: Wüste
EIGNUNG: Reitpferd, Fahrpferd
CHARAKTER: umgänglich
MERKMALE: schöner Kopf mit breiter Stirn, kräftige schräge Schulter, tiefe Brust, kompakter Körper, muskulöse Hinterhand, wohlgeformte Beine

LITAUER

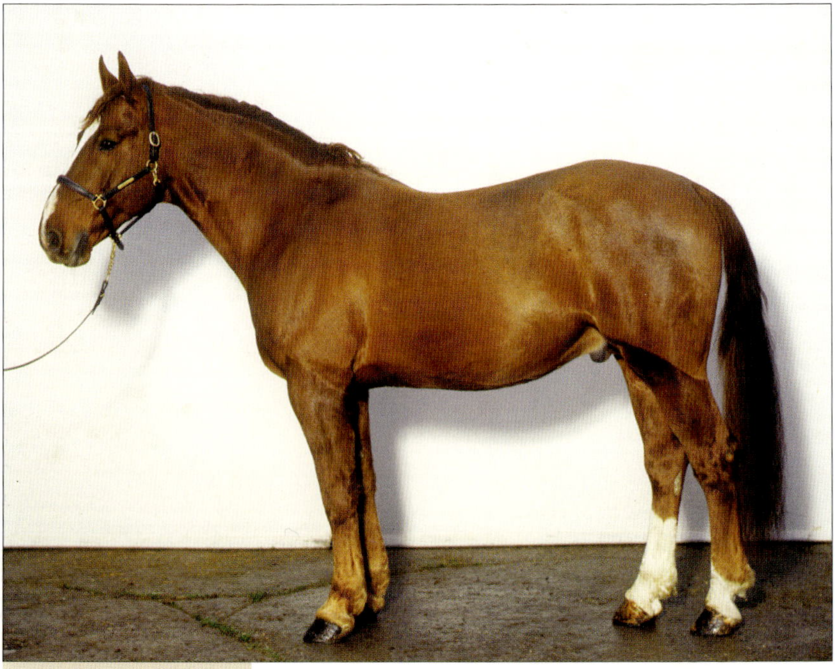

HERKUNFT: Litauen
BLUT: Warmblut
STOCKMASS: 152–163 cm
FARBE: Rappe, Brauner, manchmal Fuchs
LEBENSRAUM: kaltgemäßigte Klimazone
EIGNUNG: Reitpferd, Fahrpferd, leichtes Zugpferd
CHARAKTER: ruhig, fügsam
MERKMALE: recht großer Kopf auf elegantem muskulösem Hals, kräftige schräge Schulter, breite Brust, gerader Rücken, muskulöse Hinterhand, kräftige Beine

Nach dem Zweiten Weltkrieg herrschte in Litauen ein Mangel an Pferden, weshalb Rassen wie Oldenburger, Hannoveraner und Holsteiner importiert wurden, um mit einheimischen Züchtungen gekreuzt zu werden, die wahrscheinlich vom ausgestorbenen Tarpan abstammten. Es entwickelten sich zwei Litauer-Typen: ein schweres Zugpferd und ein leichteres Reitpferd. Nach der Eingliederung Litauens in die Sowjetunion wurden alle Zuchtbetriebe verstaatlicht, die Rasse jedoch weiterentwickelt, wenn auch außerhalb des Landes nicht ausdrücklich unter der Bezeichnung Litauer. Nachdem Litauen 1991 unabhängig wurde, lebten viele Gestüte wieder auf. Die Litauer wurden bekannter und zunehmend als Wettbewerbspferde gezüchtet. Bekannt ist etwa das von Ulla Salzgeber gerittene Dressurpferd Rusty. Die Tiere sind auch hervorragende Springpferde.

KABARDINER

Das Gebirgspferd Kabardiner wurde im 16. Jahrhundert im nördlichen Kaukasus entwickelt und ist eine Mischung aus Turkmenen, Arabern, Persern und einheimischen Steppenpferden. Den größten Einfluss auf die Ausprägung der Rasse übte jedoch sicherlich die Umgebung aus: Das tückische Gebirgsterrain machte sie trittsicher und das harte Klima wetterfest und ausdauernd. Der Kabardiner besitzt zudem ein extrem gutes Orientierungsvermögen und findet auch bei Dunkelheit oder Nebel den Weg. Während der Russischen Revolution und des Zweiten Weltkriegs ging der Bestand drastisch zurück, doch später wurde die Zucht wieder aufgebaut. Heute gilt der Kabardiner als sparsam in der Haltung, langlebig und robust und ist als Reitpferd begehrt. Einige Tiere sind natürliche Passgänger. Sie eignen sich auch als Fahrpferde und haben genug Ausdauer, um lange Strecken zurückzulegen.

Herkunft: Nordkaukasus
Blut: Warmblut
Stockmass: 152–155 cm
Farbe: Brauner oder Rappe
Lebensraum: Gebirge
Eignung: Reitpferd, Wanderpferd, Fahrpferd
Charakter: ausgeglichen, fügsam
Merkmale: edler Kopf, oft mit konvexem Profil, kurzer muskulöser Hals, gerade kräftige Schulter, gerader Rücken, kurze kräftige Beine, harte Hufe

TERSKER

HERKUNFT: Nordkaukasus
BLUT: Warmblut
STOCKMASS: 146–155 cm
FARBE: Schimmel, manchmal Fuchs
LEBENSRAUM: Steppe
EIGNUNG: Reitpferd, Springpferd
CHARAKTER: fügsam, sanft und intelligent
MERKMALE: edler Kopf auf wohlgeformtem muskulösem Hals, schräge Schulter, breite tiefe Brust, gerader Rücken mit muskulöser Hinterhand, muskulöse Beine

Der Tersker wurde erst im 20. Jahrhundert von Gestüten in Tersk und Stavropol in der Sowjetunion entwickelt und ist somit eine relativ neue Rasse. Ziel war es, die Rasse der Streletzker Araber wiederzubeleben, die beim Militär sehr beliebt und deshalb während der Russischen Revolution fast völlig ausgelöscht worden war. Die wenigen verbliebenen reinrassigen Exemplare wurden mit Don-Pferden, Kabardinern und Arabern gekreuzt – das offizielle Geburtsjahr des Terskers war 1948. Heute halten die Gestüte den Tersker in großen Herden auf offener Steppe, überwachen aber sorgfältig Ernährung und Gesundheitszustand. Der Tersker ist ein sehr robustes Pferd, doch gleichzeitig attraktiv und athletisch mit den eleganten Bewegungen des Arabers. Er eignet sich als Spring- und Rennpferd sowie für andere Sportwettbewerbe.

TRAKEHNER

Der besonders edle und elegante Trakehner entstand im 13. Jahrhundert im ehemaligen Ostpreußen. 1732 gründete Friedrich Wilhelm I. bei Trakehnen ein Gestüt, das zunächst Kutschpferde und später Kavalleriepferde für die Armee entwickelte. Es sollte eine Rasse entstehen, die schnell und robust, doch gleichzeitig elegant und attraktiv war. Die Zuchtbasis stammte vom Tarpan ab und wurde im Zuchtprogramm mit Arabern, Turkmenen und Vollblütern gekreuzt. Seit Einführung des Stutbuchs im Jahr 1877 fand fremdes Blut jedoch nur noch unter strenger Aufsicht Einlass in die Züchtung. Im Zweiten Weltkrieg fielen viele gute Tiere den Russen zu. Nur etwa 100 Pferde überlebten den Fluchttreck in den Westen, mit ihnen wurde die Zucht wieder aufgebaut. Heute gilt der Trakehner als hervorragendes Sportpferd für alle Wettbewerbsdisziplinen.

Herkunft: Polen
Blut: Warmblut
Stockmass: 163–173 cm
Farbe: alle Grundfarben
Lebensraum: kaltgemäßigte Klimazone
Eignung: Reitpferd, Dressurpferd, Springpferd
Charakter: ruhig, umgänglich, lebhaft
Merkmale: schön geformter Kopf auf elegantem Hals, kräftige schräge Schulter, tiefe breite Brust, kompakter Rücken, kräftige Hinterhand, hoch angesetzter Schweif

WIELKOPOLSKI

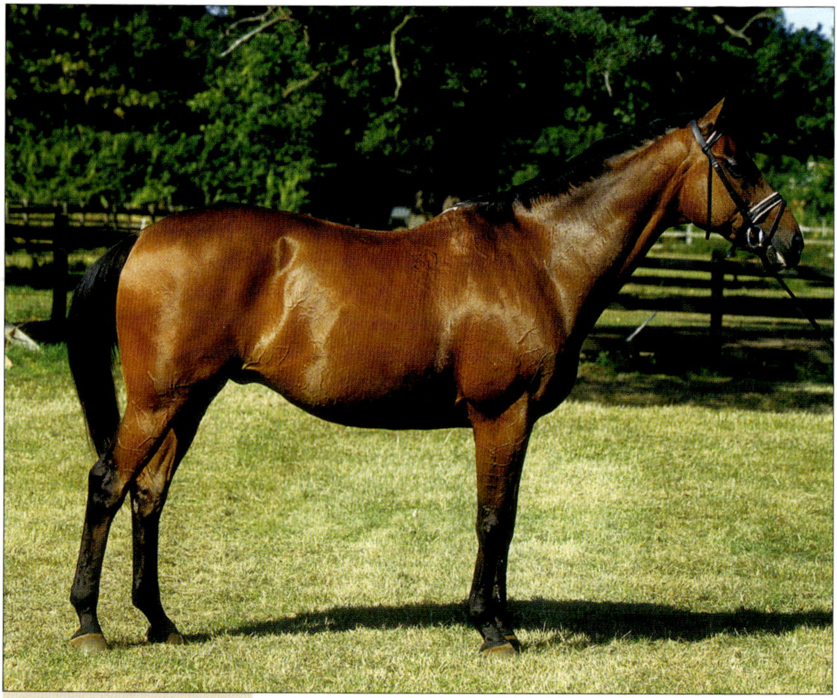

HERKUNFT: Polen
BLUT: Warmblut
STOCKMASS: 162–165 cm
FARBE: alle Grundfarben
LEBENSRAUM: kaltgemäßigte Klimazone
EIGNUNG: Reitpferd, Dressurpferd, Fahrpferd
CHARAKTER: umgänglich
MERKMALE: edler Kopf mit geradem Profil, langer eleganter Hals, schräge muskulöse Schulter, tiefe breite Brust, kompakter Körper, kräftige Hinterhand, lange Beine

Der Wielkopolski ist eine neue Rasse, die Mitte des 20. Jahrhunderts durch Kreuzung der inzwischen ausgestorbenen Rassen Posener und Masure entstand. Der Masure ähnelte dem Trakehner, und der Posener war eine Mischung aus Araber, Vollblut und Hannoveraner. Der Wielkopolski wurde gezielt als Reit- und Fahrpferd gezüchtet. Er ist kräftig, robust, athletisch, schnell und sehr attraktiv. Besonders geschätzt wird er wegen seiner guten Grundgangarten – leichter, raumgreifender Schritt, flacher, gleichmäßiger Trab, bodendeckender Galopp und schneller Kanter. Die Rasse wird oft als Fahrpferd eingesetzt, ist aber auch ein exzellentes Dressur- und Springpferd. Das Wielkopolski-Pferd wird in Polen und dessen Nachbarländern sehr geschätzt, ist weltweit aber weniger bekannt.

RUSSISCHER TRABER

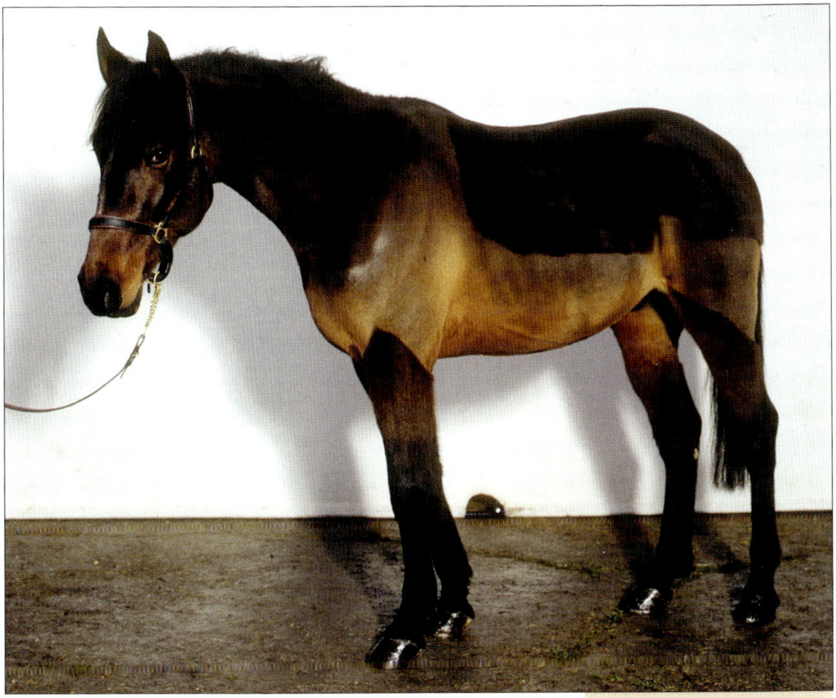

Viele Jahre lang galt der Orlow-Traber als bestes Trabrennpferd Europas. Als Ende des 19. Jahrhunderts der noch schnellere American Standardbred nach Russland kam, kreuzte man beide Rassen, um den Orlow-Traber zu verbessern. Die Neuzüchtung Russischer Traber war zwar tatsächlich schneller, besaß aber nicht die Schönheit, Kraft und Ausdauer des Orlow-Trabers, dessen Blutlinie damit für einige Züchter als kontaminiert galt, doch anderen war Schnelligkeit wichtiger als Aussehen. So wurde der Russische Traber 1949 als neue Rasse anerkannt. Seitdem haben die Gestüte durch selektive Züchtung versucht, sein Aussehen zu verbessern, und reinrassige Orlow-Traber oder Standardbreds werden weiterhin zugemischt. Die Tiere haben ein angenehmes Wesen: Sie sind gleichzeitig temperamentvoll und leicht zu trainieren.

HERKUNFT: Russland
BLUT: Warmblut
STOCKMASS: 156–163 cm
FARBE: Brauner, manchmal Rappe, Fuchs oder Schimmel
LEBENSRAUM: Taiga
EIGNUNG: Fahrpferd
CHARAKTER: grundsätzlich angenehm
MERKMALE: schlichter wohlgeformter Kopf auf langem muskulösem Hals, lange schräge muskulöse Schulter, breite tiefe Brust, langer Rücken, kräftige Beine

BUDJONNY

HERKUNFT: Russland
BLUT: Warmblut
STOCKMASS: bis 163 cm
FARBE: meist Fuchs, aber alle Grundfarben möglich
LEBENSRAUM: gemäßigte Klimazone
EIGNUNG: Reitpferd, Vielseitigkeitspferd
CHARAKTER: umgänglich, lebhaft
MERKMALE: schöner Kopf auf wohlgeformtem Hals, gerader Rücken, schräge Schulter, weite tiefe Brust, abfallende Kruppe, kräftige Beine, wohlgesetzter Schweif

1921, kurz nach der Russischen Revolution, züchtete die Sowjetunion ein neues Kavalleriepferd, das später nach dem heldenhaften Kavalleriemarschall Budjonny benannt wurde. Die Zuchtbasis bestand aus Tschernomor- und Don-Stuten, die mit Englischen Vollbluthengsten gekreuzt wurden. Später wurde nach Bedarf weiter Vollblut zugemischt. 1934 wurde erstmals ein Stutbuch herausgegeben, und die Rasse ist seit 1948 offiziell anerkannt. Budjonny-Pferde sind meist Füchse mit einem wunderbar metallisch glänzenden Fell. Die Tiere sind robust, ausgeglichen und ruhig, aber gleichzeitig lebhaft. Sie sind hervorragende, vielseitige Sportpferde, die sich durch erstaunliche Ausdauer, einen guten Galopp und athletisches Springvermögen auszeichnen. Sie werden erfolgreich bei Distanz- und Hindernisrennen, Springreiten und Dressur eingesetzt.

DON-PFERD

Die nach dem russischen Fluss benannte Pferderasse entwickelte sich im 18. und 19. Jahrhundert und war ursprünglich als Reitpferd für die Kavallerie der Kosaken konzipiert. Es handelt sich um eine Mischung aus Mongole, Turkmene, Karabakh, Achal-Tekkiner, Araber, Orlow-Traber und Vollblut. Das Don-Pferd ist ein schnelles, robustes und anpassungsfähiges Pferd. Aufgrund seiner steilen Schulter hat es eine recht harte und unbequeme Aktion, ist aber sehr ausdauernd und robust und für Distanzreiten und als Fahrpferd geeignet. Im Vierergespann zieht es die traditionelle Waffenkutsche Tatschanka für Touristen. Durch den Ersten Weltkrieg und die Russische Revolution wurde das Pferd fast vollständig ausgerottet, danach aber zur Zucht anderer Rassen – wie zum Beispiel dem Budjonny – eingesetzt. Seit Kurzem erlebt die Rasse einen Aufschwung.

HERKUNFT: Russland
BLUT: Warmblut
STOCKMASS: 155–165 cm
FARBE: Fuchs, Brauner, manchmal Schimmel
LEBENSRAUM: Steppe
EIGNUNG: Reitpferd, Fahrpferd
CHARAKTER: umgänglich
MERKMALE: mittelgroßer Kopf auf wohlgeformtem muskulösem Hals, steile Schulter, tiefe breite Brust, langer gerader Rücken, oft schwache Hinterhand und niedrig angesetzter Schweif

ORLOW-TRABER

Der Orlow-Traber wurde im 18. Jahrhundert von Graf Alexei Orlow auf seinem Gestüt im russischen Khrenov entwickelt. Die Rasse gründet auf einer Kreuzung von Araberhengsten mit spanischen und dänischen Stuten sowie mit Englischen Vollblütern und holländischen Friesen. Den besten Nachwuchs kreuzte man dann untereinander, um feste Rassemerkmale herauszubilden. Stammhengst war „Bars I.", der 1784 geborene Enkel des weißen Arabers „Smetanka". Der Orlow-Traber sollte schnell und ausdauernd sein und sich sowohl zum Kutsch- als auch zum Trabrennpferd eignen. Aus einer späteren Kreuzung mit dem American Standardbred entstand der Russische Traber, der zwar viel schneller war, jedoch nicht die Eleganz des Orlow-Trabers besaß und Mängel im Körperbau aufwies. Der Orlow-Traber ist ein leichtes Pferd, hat aber großes Stehvermögen und Ausdauer und wird in Russland oft bei Trabrennen eingesetzt.

HERKUNFT: Russland
BLUT: Warmblut
STOCKMASS: 155–173 cm
FARBE: Schimmel, Brauner, Rappe
LEBENSRAUM: Taiga
EIGNUNG: Fahrpferd
CHARAKTER: grundsätzlich angenehm
MERKMALE: edler Kopf auf hoch aufgesetztem geschwungenem Hals, steile Schulter, viel Gurtentiefe, langer gerader Rücken mit kräftiger Hinterhand, lange Beine

ARABER

Der Araber ist eines der ältesten reinrassigen Pferde der Welt und wurde bereits vor Christi Geburt in Malereien verewigt. Seine Herkunft lässt sich wissenschaftlich jedoch nicht genau nachverfolgen. Araber bilden die Zuchtbasis vieler anderer Rassen, darunter des Englischen Vollbluts. Aufgrund seiner Reinrassigkeit hat der Araber seine charakteristischen Merkmale bewahrt. Dazu gehören der einzigartige Körperbau mit dem hoch angesetzten Schweif, der darauf zurückzuführen ist, dass die Tiere nur 17 Brustwirbel, 5 Lendenwirbel und 16 Schwanzwirbel besitzen statt der sonst üblichen jeweils 18, 6 und 18 Wirbel. Ein weiteres typisches Merkmal ist die schildförmige Wölbung auf der Stirn, die „Jibbah" genannt wird. Araber werden heute weltweit gezüchtet. Jedes Land führt sein eigenes Stutbuch, das der Genehmigung durch die World Arab Horse Organisation bedarf, damit die Züchtungen einheitlich bleiben.

Herkunft: Arabische Halbinsel
Blut: Vollblut
Stockmass: bis 153 cm
Farbe: alle Grundfarben
Lebensraum: Wüste
Eignung: Reitpferd
Charakter: zutraulich, ausgeglichen
Merkmale: kleiner edler Kopf mit konkavem Profil und schmal zulaufendem Maul, eleganter geschwungener Hals, tiefe breite Brust, kräftiger Rücken, breite Kruppe, hoch angesetzter Schweif

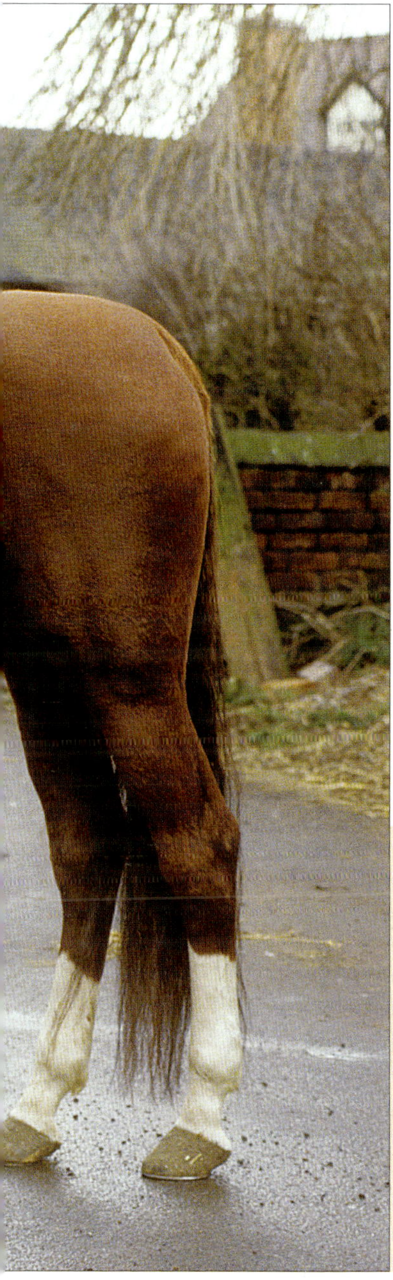

PERSISCHER ARABER

Hinter der Bezeichnung Persischer Araber verbergen sich mehrere iranische Zuchtlinien, die jeweils den Namen ihrer Züchterfamilie tragen. Der Persische Araber hat große Ähnlichkeit mit dem Araber und ist, obwohl ein wenig schwerer als dieser, ein sehr attraktives Pferd mit natürlicher Eleganz. Wie der Araber ist es schnell und wendig, ausdauernd und temperamentvoll. Vor dem Kraftfahrzeug war es das einzige Transportmittel, heute wird es vorwiegend als Rennpferd eingesetzt. Persische Araber existieren wahrscheinlich schon seit 2000 v. Chr., womit sie zu den weltweit ältesten Rassen gehören. Mitte des 20. Jahrhunderts erlagen viele Tiere der im Iran wütenden Afrikanischen Pferdepest. Heute wird die Zucht streng kontrolliert, um die noch verbliebenen reinrassigen Stränge zu erhalten.

HERKUNFT: Iran
BLUT: Vollblut
STOCKMASS: 145–155 cm
FARBE: Schimmel, Brauner, Fuchs
LEBENSRAUM: Wüste
EIGNUNG: Reitpferd
CHARAKTER: zutraulich, umgänglich
MERKMALE: edler Kopf mit konkavem Profil und schmal zulaufendem Maul, geschwungener Hals, tiefe breite Brust, kompakter muskulöser Rücken, abgerundete Kruppe, hoch angesetzter Schweif

2

CANADIAN CUTTING HORSE

Herkunft: Kanada
Blut: Warmblut
Stockmass: bis 163 cm
Farbe: alle Grundfarben
Lebensraum: kaltgemäßigte Klimazone
Eignung: Reitpferd, Cuttingpferd
Charakter: umgänglich, zutraulich
Merkmale: wohlproportionierter Kopf, muskulöser tief angesetzter Hals, kräftige schräge Schulter, breite tiefe Brust, gerader Rücken, muskulöse Hinterhand, kurze kräftige Beine

Das Canadian Cutting Horse wurde in Kanada speziell für den Einsatz auf Rinderfarmen entwickelt. Es stammt vom amerikanischen Quarter Horse ab und ähnelt ihm sehr. Die Zuchtlinie enthält auch Blut vom Spanischen Pferd, das für sein Geschick beim Umgang mit Rindern bekannt ist. Auf Rinderfarmen muss häufig ein Rind von der Herde isoliert werden – was man „Cutting" nennt –, um es zu behandeln oder zu brandmarken. Dafür wird ein speziell ausgebildetes Pferd eingesetzt. Das Canadian Cutting Horse ist schnell, klug, ruhig und einsatzfreudig. Es ist sehr wendig und kann bei voller Geschwindigkeit Haken schlagen. Neben der Farmarbeit nehmen die Tiere auch an den mit hohen Preisgeldern bedachten Cuttings Shows teil, bei denen innerhalb einer begrenzten Zeit so viele ausgewählte Rinder wie möglich von der Herde abgesondert werden müssen.

AMERICAN BASHKIR CURLY

Die genaue Herkunft des American Bashkir Curly ist eines der ungelösten Rätsel der Pferdewelt. 1898 entdeckte man im Bundesstaat Nevada eine Herde, doch schon im frühen 19. Jahrhundert wurden in Indianer-Piktogrammen lockenfellige Pferde dargestellt. Man dachte zunächst, dass die Tiere von den russischen Baschkiren abstammen, die im 18. Jahrhundert von russischen Siedlern in den nordwestlichen Gebieten ausgesetzt wurden – deshalb auch der Name. Doch inzwischen steht fest, dass die zwei Rassen nicht verwandt sind. 1971 wurde die American Bashkir Curly Registry gegründet, um die zunehmend beliebter werdende Rasse zu fördern. Das ungewöhnliche gekräuselte Fell wird meist im Sommer abgeworfen und wächst im Winter nach. Es variiert von weichen Haarwellen bis hin zu einer dichten Krause. Die Doppelmähne fällt in Ringellocken beidseitig des Halses hinab.

HERKUNFT: USA
BLUT: Warmblut
STOCKMASS: 146–153 cm
FARBE: alle Farben
LEBENSRAUM: Gebirge
EIGNUNG: Reitpferd, Fahrpferd
CHARAKTER: ruhig, sanft
MERKMALE: Im Winter lockiges Fell, schwerer Kopf mit breiter Stirn, kurzer muskulöser Hals, stämmiger, aber wohlproportionierter Körper

APPALOOSA

Gefleckte Pferde werden schon seit Jahrhunderten in der asiatischen Kunst dargestellt. Darüber, wie die Tiere nach Nordamerika gelangten, gibt es zwei Theorien. Eine besagt, dass sie im 16. Jahrhundert von den Spaniern eingeführt und von den als gute Pferdezüchter bekannten Nez-Percé-Indianern herangezogen wurden. Nach der anderen Theorie kam das Pferd am Ende der letzten Eiszeit mit einem nordwestlichen Indianerstamm über die Landbrücke aus Asien nach Amerika. Die Pferde waren schnell, athletisch und ausdauernd; das gefleckte Fell diente als Tarnung. Man unterscheidet fünf Fell-Grundmuster: „Leopardenschecke, Marmorschecke, Schneeflockenschecke, Schabrackenschecke und Frost. Der Name „Appaloosa“ wurde erst 1938 mit Gründung eines Zuchtverbands offiziell.

Herkunft: USA
Blut: Warmblut
Stockmass: 145–155 cm
Farbe: gefleckt
Lebensraum: gemäßigt, Grasland
Eignung: Reitpferd
Charakter: gutmütig, zutraulich
Merkmale: geflecktes Fell, kleiner Kopf mit geradem Profil, langer muskulöser Hals, tiefe Brust, schräge Schulter, kurzer kompakter Rücken, runde muskulöse Kruppe

AMERICAN SADDLEBRED

Herkunft: USA
Blut: Warmblut
Stockmass: 152–163 cm
Farbe: alle Grundfarben
Lebensraum: kaltgemäßigte Klimazone
Eignung: Reitpferd, Fahrpferd
Charakter: grundsätzlich gut, aber temperamentvoll
Merkmale: schöner Kopf auf muskulösem hoch aufgesetzten Hals, breite Brust, gerade Kruppe, lange elegante Beine, hoch angesetzter Schweif

Diese Rasse wurde im 19. Jahrhundert in Kentucky als Allrounder entwickelt und hieß ursprünglich Kentucky Saddler. Grundlage der Zucht bildeten der inzwischen ausgestorbene Narragansett Pacer und der Canadian Pacer, die beide natürliche Passgänger waren. Für ein attraktives Exterieur und Schnelligkeit sorgten die Rassen Morgan und Vollblut. Heute wird das American Saddlebred vorwiegend bei Schauwettbewerben eingesetzt, wo die Dreigänger Schritt, Trab und Kanter mit übertriebener Aktion vorführen. Die Fünfgänger zeigen noch zwei weitere Gangarten: einen viertaktigen langsamen „Slow Gait" und einen beeindruckend schnellen Tölt (auch „Rack" genannt). Für diese Zwecke lässt man die Hufe lang wachsen und beschlägt sie mit Spezialeisen. Mit normalen Hufen ist das American Saddlebred ein vielseitiges Reitpferd für diverse Disziplinen.

COLORADO RANGER

Die Zuchtgeschichte des Colorado Ranger ist gut dokumentiert. Sie nimmt 1878 ihren Lauf, als der türkische Sultan Abdul Hamid II. dem amerikanischen General Ulysses S. Grant den Araberhengst „Leopard" und den Berberhengst „Linden Tree" schenkte. Diese wurden mit einheimischen Stuten gekreuzt, und die daraus entstandenen Fohlen entpuppten sich als hervorragende Arbeitspferde. Später wurden zwei Scheckenhengste in das Zuchtprogramm eingeführt, weshalb heute viele Colorado Rangers Schecken sind – die entscheidenden Merkmale für den Zuchtverband sind aber nicht Farbe, sondern Körperbau und Stammbaum. In der Zucht ist nur noch Fremdblut von Vollblut, Quarter Horse, Araber, Appaloosa und Lusitano erlaubt. Der Colorado Ranger ist ein erstklassiges Reitpferd, aber relativ unbekannt, da bis 1968 der Zuchtverband auf nur 50 Mitglieder beschränkt war.

Herkunft: USA
Blut: Warmblut
Stockmass: bis 163 cm
Farbe: alle Farben, oft Schecke
Lebensraum: gemäßigt, Grasland
Eignung: Reitpferd
Charakter: umgänglich, zutraulich
Merkmale: schöner Kopf auf langem muskulösem Hals, tiefe breite Brust, runde Kruppe, kompakter Rücken, kräftige Hinterhand

MISSOURI FOX-TROTTER

Der Missouri Foxtrotter wurde im frühen 19. Jahrhundert in der Region des Ozark-Plateaus von Siedlern als Allrounder gezüchtet, der weite Strecken zurücklegen kann. Die Züchtung basiert auf einer Kreuzung von Morgan und Vollblut mit späterer Zumischung von spanischem Blut, Tennessee Walking Horse und Saddlebred. Die Pferde sind berühmt für ihre gleitende Gangart „Foxtrott“, bei dem sie vorne Schritt und hinten Trab zu gehen scheinen – eine sehr geschmeidige, schwingende Aktion, mit der sie über kurze Strecken eine Geschwindigkeit von bis zu 16 km/h erreichen, die sich aber auch über eine längere Distanz beibehalten lässt. Die Rasse beherrscht zudem einen raumgreifenden, bequemen Viertaktgang, der als „Flat Foot Walk“ bezeichnet wird, sowie einen sogenannten „Rocking-Horse“-Kanter. Der Missouri Foxtrotter wird gerne beim Distanz- und Wanderreiten und als Schaupferd eingesetzt.

HERKUNFT: USA
BLUT: Warmblut
STOCKMASS: 142–163 cm
FARBE: meist Fuchs, aber alle Grundfarben möglich
LEBENSRAUM: kaltgemäßigte Klimazone
EIGNUNG: Reitpferd
CHARAKTER: umgänglich, fügsam
MERKMALE: wohlproportionierter Kopf mit geradem Profil, muskulöser Hals, schräge Schulter, kompakter Rücken, muskulöse kräftige Hinterhand

MORAB

Herkunft: USA
Blut: Warmblut
Stockmass: 144–164 cm
Farbe: alle Grundfarben
Lebensraum: kaltgemäßigte Klimazone
Eignung: Reitpferd
Charakter: umgänglich, ruhig, freundlich
Merkmale: edler Kopf mit geradem oder konkavem Profil, muskulöser Hals, schräge Schulter, tiefe Brust, kompakter Rücken, muskulöse Hinterhand, hoch angesetzter Schweif

Der Morab wurde zu Anfang des 19. Jahrhunderts im US-amerikanischen Westen als vielseitiges Arbeitspferd gezüchtet. Die Rasse basiert auf einer Kreuzung zwischen Araber und Morgan. Auch andere Araber-Kreuzungen wurden ausprobiert, doch diese Kombination erwies sich als die erfolgreichste. Der Verleger William Randolph Hearst züchtete in den 1920er-Jahren Morabs und ist als Namensgeber der Rasse überliefert. Vom Araber hat der Morab das edle Exterieur geerbt sowie die Besonderheit von 17 Brustwirbeln, 5 Lendenwirbeln und 16 Schwanzwirbeln. Vom Morgan hat er Kraft, Schnelligkeit und Ausdauer. Morabs sind athletisch, gute Spring- und Dressurpferde sowie sehr geschickt beim Cutting, dem Isolieren von Rindern. Sie sind klug, zuverlässig und zutraulich, was sie für Kinder, Reitanfänger und Senioren geeignet macht.

MORGAN

Das Morgan-Pferd ist insofern ungewöhnlich, als es auf einen einzigen Stammhengst zurückgeht: „Figure", einen kleinen Braunen, der in den 1790er-Jahren einem Mann namens Justin Morgan geschenkt wurde. Die genaue Blutlinie des Hengstes ist unbekannt, doch man vermutet, dass Vollblut, Welsh-Cob und Araber darin enthalten waren. Da er nur etwa 140 cm groß war, wurde von Figure nicht viel erwartet, doch er entpuppte sich als besonders arbeitsam und unschlagbar bei Galopp- und Trabrennen sowie Kraftwettbewerben. Er war zudem klug, attraktiv und lebhaft und wurde bald nur noch „Justin-Morgan-Pferd" genannt. Der Hengst vererbte seine bemerkenswerten Talente an all seine Nachkommen, die als Morgan-Zucht bekannt wurden. Der Morgan wird heute häufig als Freizeit-Reitpferd sowie als Schaupferd eingesetzt.

Herkunft: USA
Blut: Warmblut
Stockmass: 145–155 cm
Farbe: alle Grundfarben, selten Schimmel
Lebensraum: gemäßigte Klimazone
Eignung: Reitpferd, Fahrpferd
Charakter: ruhig, intelligent
Merkmale: edler Kopf auf geschwungenem muskulösem Hals, kräftige Schulter, breite Brust, breiter kurzer Rücken, runde Kruppe, hoch angesetzter Schweif

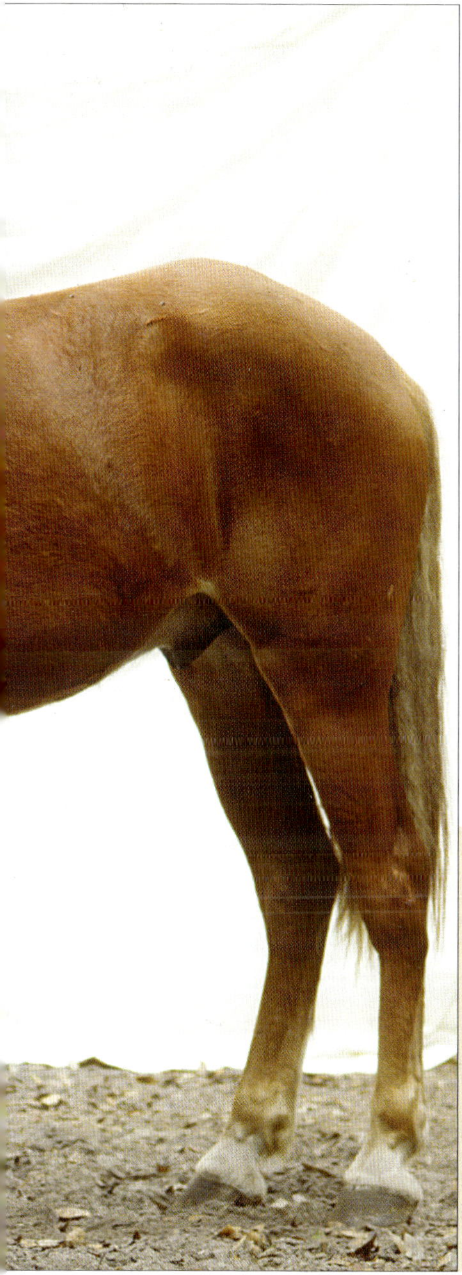

MUSTANG

Der Mustang ist ein Wildpferd. Es stammt von den Pferden ab, die die spanischen Eroberer nach Amerika brachten und die entweder entkamen oder freigelassen wurden und dann wilde Herden bildeten. Später stießen zu diesen Herden Pferde hinzu, die von Indianern oder Farmern ausgesetzt wurden, oder Kavalleriepferde, die vor der Schlacht geflohen waren. Die Wildherden wuchsen schnell an und wurden zu Anfang des 20. Jahrhunderts als Plage betrachtet, weshalb man sie abschoss und ihr Fleisch verzehrte oder als Tiernahrung verwendete. Bis 1970 waren die Herden so stark dezimiert, dass die Mustangs 1971 gesetzlich geschützt wurden. Die Tiere sind robust, schnell und wendig. Da ihre Zucht nicht kontrolliert wird, können sie aber auch degenerieren. Sie lassen sich zähmen und geben ideale Ranchpferde ab.

Herkunft: USA
Blut: Warmblut
Stockmass: 132–153 cm
Farbe: alle Farben
Lebensraum: Savanne
Eignung: Wildpferd
Charakter: oft widerspenstig, launisch
Merkmale: sehr variabel, da wild, aber oft mit Ramskopf und konvexem Profil, kurzem Rücken und kräftigen Beinen

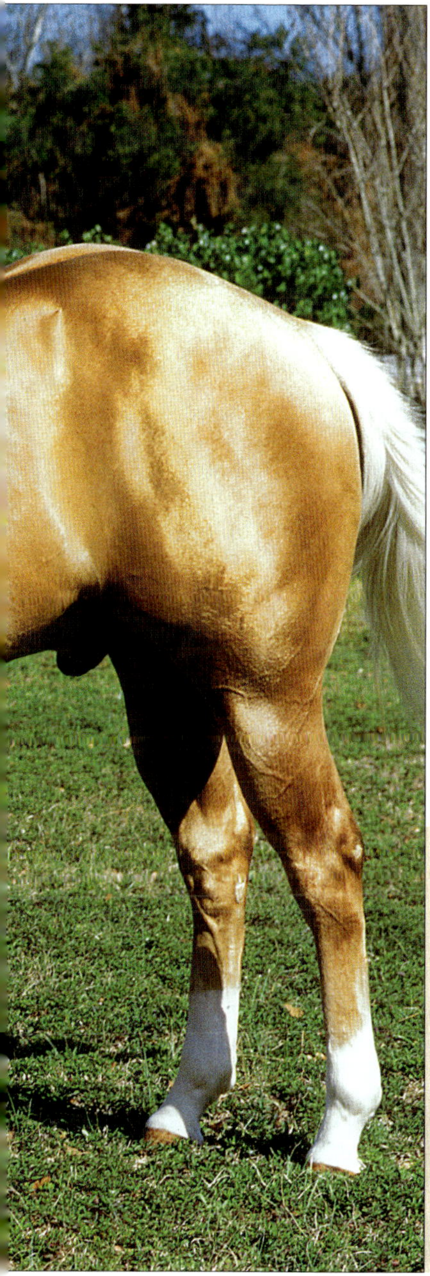

PALOMINO

Streng genommen ist Palomino eine Farbe und keine Rasse, doch sowohl in den USA als auch in Großbritannien registrieren Zuchtverbände Pferde, die bestimmte Voraussetzungen erfüllen. Die Herkunft des Palomino ist unbekannt, goldfarbene Pferde gab es aber zu allen Zeiten, und einige sind sogar in berühmten Kunstwerken verewigt. Ein Palomino kann aus vielen Rassen gezüchtet werden – entscheidend ist die Fellfarbe. Als beliebteste Kreuzung gelten die zwischen Fuchs und Palomino oder Hellfuchsschimmel beziehungsweise Albino. Eine Kreuzung zweier Palominos ergibt meist einen Cremello, der wie ein Albino aussieht. Das Fell sollte entweder die Farbe einer frisch geprägten Goldmünze haben oder bis zu drei Nuancen heller oder dunkler sein. Weiße Abzeichen sind auf den Beinen, aber nicht oberhalb des Sprunggelenks erlaubt. Mähne und Schweif sind silbrig weiß.

HERKUNFT: USA
BLUT: Warmblut
STOCKMASS: bis 173 cm
FARBE: gold mit weißem Mähnen- und Schweifhaar
LEBENSRAUM: gemäßigte Klimazone
EIGNUNG: Reitpferd
CHARAKTER: grundsätzlich umgänglich
MERKMALE: variabel, doch meist hübscher Kopf, wohlgeformter Hals, gute schräge Schulter, gerader Rücken und muskulöse Hinterhand

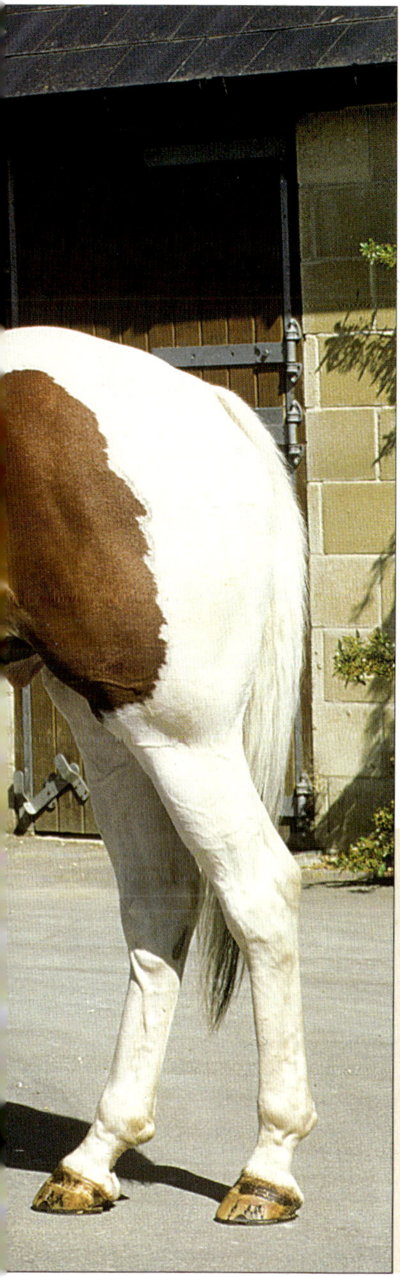

PINTO

Der Pinto und das verwandte Paint Horse werden nur in Nordamerika als Rassen angesehen. Überall sonst gelten sie als Farbtypen, da es allein auf die Fellfarbe ankommt. Das Wort „Pinto“ stammt aus dem Spanischen und bedeutet so viel wie „bemalt“. Beim Pinto kann es sich um jede Art von Züchtung handeln, das Fell muss aber eines von zwei Mustern aufweisen: entweder Tobiano, bei dem der Grundton des Fells weiß ist und die Flecken farbig, oder Overo, bei dem der Grundton des Fells dunkel ist und die Flecken weiß. Das Paint Horse hat dieselben Farben, ist aber züchterisch beschränkt auf Paint, Quarter Horse und Vollblut. Die Tiere wurden besonders bei den nordamerikanischen Indianern geschatzt und sind heute allseits beliebte Reitpferde.

HERKUNFT: USA
BLUT: Warmblut
STOCKMASS: bis 163 cm
FARBE: jede Farbe, mit Weiß gescheckt
LEBENSRAUM: Savanne
EIGNUNG: Reitpferd
CHARAKTER: grundsätzlich umgänglich
MERKMALE: zweifarbiges Fell, variabel im Körperbau, aber meist guter Kopf, muskulöse Schulter und Hinterhand, kompakter Rücken

QUARTER HORSE

Diese alte amerikanische Züchtung ist eine der beliebtesten Pferderassen der Welt. Sie wurde im 17. Jahrhundert entwickelt, als von den Engländern importierte Vollblüter mit Andalusiern, Berbern und Arabern gekreuzt wurden, die zuvor von den Spaniern ins Land geholt worden waren. Der Name „Quarter“ bedeutet auf Englisch „Viertel“ und geht darauf zurück, dass die englischen Siedler mit diesen Tieren Pferderennen über eine Viertelmeile veranstalteten. Sie sind auf kurzen Strecken enorm schnell, und ihre kräftige Hinterhand lässt sie aus dem Stand lossprinten. In den zunehmend beliebter werdenden Distanzrennen konnte das Quarter Horse nicht mit dem Vollblut mithalten, doch bald stellte man fest, dass es auch ein ausgezeichnetes Ranchpferd ist, das gut mit Rindern arbeiten kann. Es besitzt zudem einen ausgeglichenen Charakter und ist sowohl als Reitpferd als auch als Arbeitspferd vielseitig einsetzbar.

HERKUNFT: USA
BLUT: Warmblut
STOCKMASS: 142–163 cm
FARBE: alle Grundfarben
LEBENSRAUM: kaltgemäßigte Klimazone
EIGNUNG: Reitpferd
CHARAKTER: umgänglich, ruhig
MERKMALE: kurzer Kopf mit breiter Stirn, muskulöser wohlgeformter Hals, kräftige schräge Schulter, breite tiefe Brust, kompakter Körper, kräftige Hinterhand

ROCKY-MOUNTAIN-PFERD

HERKUNFT: USA
BLUT: Warmblut
STOCKMASS: bis 163 cm
FARBE: alle Grundfarben, keine weißen Abzeichen auf dem Körper
LEBENSRAUM: gemäßigt, Gebirgsregionen
EIGNUNG: Reitpferd, Wanderpferd, Fahrpferd
CHARAKTER: umgänglich, freundlich
MERKMALE: hübscher Kopf auf langem elegantem Hals, muskulöse Schulter, tiefe breite Brust, wohlproportionierter Rücken

Das Rocky-Mountain-Pferd ist eine größere Version des Rocky-Mountain-Ponys. Wie das Pony wurde es in den späten 1980er-Jahren von Sam Tuttle aus Stout Springs in Kentucky gezüchtet. Tuttle stellte fest, dass Reiter aller Altersklassen und Reitstufen sich auf dem Hengst „Old Tobe" mit seinem trittsicheren Viertaktgang wohlfühlten. Er startete also mit Old Tobe eine Zucht von Pferden und Ponys, die nicht nur seinen Gang, sondern auch sein ruhiges und freundliches Wesen erbten. Die Tiere sind robust und ausdauernd und können auch auf rauem Gelände lange Strecken zurücklegen. Sie sind nicht nur als Reitpferde beliebt, sondern werden auch als Fahrpferde vor leichte Karren und Kutschen gespannt. Die Rasse gibt es in vielen Farben, am begehrtesten ist jedoch ein dunkles Schokoladenbraun mit flachsblondem Mähnen- und Schweifhaar.

STANDARDBRED

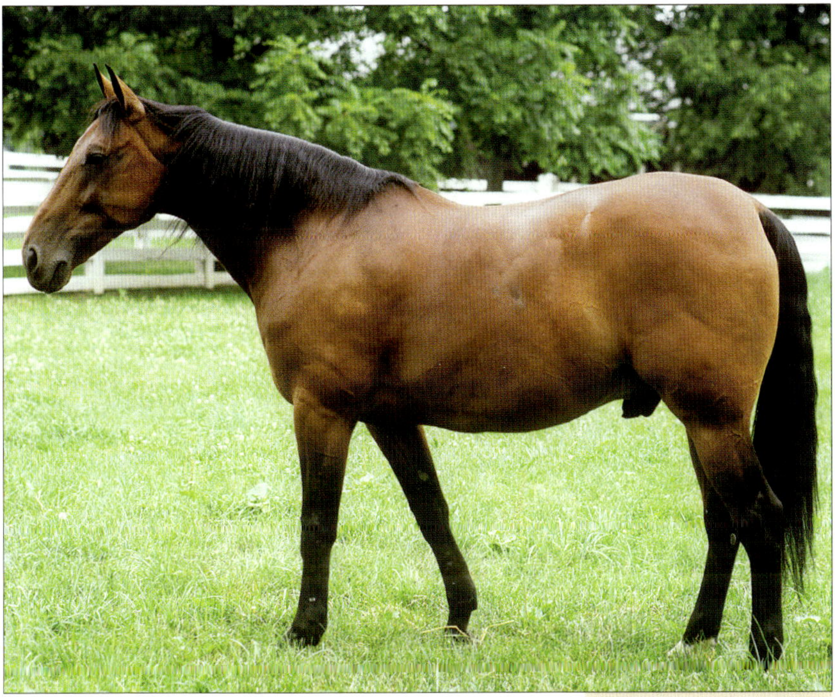

Der Standardbred ist ein hervorragendes Trabrennpferd und geht zurück auf das Englische Vollblut „Messenger". Stammhengst der Rasse war „Hambletonian 10", ein Nachkomme von Messenger, der 1849 zur Welt kam. Später wurden noch Narragansett Pacer und Morgan ins Zuchtprogramm genommen. Der Standardbred wurde zwar in erster Linie im Hinblick auf Schnelligkeit gezüchtet und gilt als das schnellste Trabrennpferd der Welt – hat aber auch teilweise das attraktive Exterieur des Vollbluts bewahrt und beherrscht zudem den Passgang. In den USA werden allgemein Passgänger bevorzugt, in Europa Traber. Die schnellste je bei einem Traber gestoppte Zeit über eine Meile (1,6 km) beträgt 1 Minute und 55,25 Sekunden und bei einem Passgänger 1 Minute und 52 Sekunden – was einer Geschwindigkeit von 51,2 km/h entspricht.

Herkunft: USA
Blut: Warmblut
Stockmass: 142–163 cm
Farbe: alle Grundfarben
Lebensraum: kaltgemäßigte Klimazone
Eignung: Fahrpferd
Charakter: grundsätzlich gut
Merkmale: edler Kopf auf mittellangem Hals, langer Rücken, kräftige Hinterhand, Kruppe meist höher als Widerrist, gute Beine

TENNESSEE WALKER

Der Tennessee Walker wurde im 19. Jahrhundert als vielseitig einsetzbares Reit-, Fahr- und Arbeitspferd gezüchtet. Die Züchtung basiert auf dem inzwischen ausgestorbenen Narragansett Pacer, enthält aber auch Vollblut, Morgan, Standardbred und Saddlebred. Die Rasse beherrscht drei natürliche Gangarten: einen geschmeidigen ruhigen „Flat Walk“, einen viertaktigen „Running Walk“, der bis zu 12,8 km/h schnell sein kann, und einen weichen rollenden Kanter. Die Zuchtregistratur wurde 1935 gegründet und 1948 geschlossen, sodass von diesem Zeitpunkt an nur noch Tiere registriert werden konnten, deren Eltern selbst schon registriert waren. Ursprünglich wurde der Tennessee Walker hauptsächlich von Farmern, Ärzten und Wanderpredigern geritten, die alle weite Strecken zurücklegen mussten. Heute ist er ein beliebtes Familienreitpferd.

HERKUNFT: USA
BLUT: Warmblut
STOCKMASS: 135–175 cm
FARBE: alle Farben
LEBENSRAUM: kaltgemäßigte Klimazone
EIGNUNG: Reitpferd
CHARAKTER: sehr ruhig, umgänglich
MERKMALE: großer Kopf mit geradem Profil, muskulöser geschwungener Hals, schräge Schulter, breite Brust, kurzer Rücken, hoch angesetzter Schweif

BELGISCHES WARMBLUT

HERKUNFT: Belgien
BLUT: Warmblut
STOCKMASS: bis 166 cm
FARBE: alle Grundfarben
LEBENSRAUM: kaltgemäßigte Klimazone
EIGNUNG: Reitpferd
CHARAKTER: ruhig, umgänglich
MERKMALE: schöner Kopf auf gut aufgesetztem muskulösem Hals, breite Brust, schräge Schulter, kompakter Rücken, muskulöse Hinterhand, kräftige Beine

Das Belgische Warmblut gehört zu den jüngeren Warmblutzüchtungen und wurde im belgischen Brabant speziell als Wettbewerbspferd in den Disziplinen Dressur und Springreiten entwickelt. Mitte des 20. Jahrhunderts wurden leichtere Versionen einheimischer Landwirtschaftspferde mit Gelderländern gekreuzt. Daraus entstand ein schwereres Reitpferd, dem später das Selle Français für ein attraktiveres Exterieur und Holsteiner und Hannoveraner für mehr Wendigkeit zugemischt wurden. Schließlich nahm man auch Vollblut, Anglo-Araber und Holländisches Warmblut ins Zuchtprogramm auf, woraus das heutige hervorragende und vielseitige Wettbewerbspferd entstand. Das Belgische Warmblut ist kräftig, ruhig und zuverlässig und erfreut sich in Europa und den USA wachsender Beliebtheit. Das Stutbuch wird sorgfältig kontrolliert: Jedes Tier wird einem strengen Prüfsystem unterzogen, bevor es akzeptiert wird.

CLEVELAND BAY

Der Cleveland Bay entstand im 17. Jahrhundert bei Cleveland in der englischen Grafschaft Yorkshire. Das einheimische Chapman-Pferd, eine braune Rasse mit großer Zugkraft und ohne Kötenbehang – was auf dem morastigen Boden von Vorteil war – wurde mit Berber und Spanischem Pferd gekreuzt. Im 18. Jahrhundert kam Vollblut hinzu, und es entstand das Yorkshire Coach Horse, das den Cleveland Bay verdrängte, da es viel schneller war. Die Rasse war fast ausgestorben, als 1962 Queen Elizabeth II. „Mulgrave Supreme" kaufte, einen der noch verbliebenen vier Hengste, und mit ihm ein Gestüt aufbaute. Heute werden die Pferde eingesetzt, um zu besonderen Anlässen die königlichen Kutschen zu ziehen, und die Rasse erlebt einen Aufschwung, obwohl sie immer noch gefährdet ist. Die Tiere geben zudem reinrassig oder in Kreuzung mit Vollblütern hervorragende Wettbewerbspferde ab.

HERKUNFT: Großbritannien
BLUT: Warmblut
STOCKMASS: 163–165 cm
FARBE: Brauner
LEBENSRAUM: kaltgemäßigte Klimazone
EIGNUNG: Reitpferd, Fahrpferd
CHARAKTER: gutmütig, ruhig
MERKMALE: großer Kopf auf muskulösem geschwungenem Hals, kräftige muskulöse Schulter und Brust, gerader Rücken, kräftige Hinterhand, kurze Beine ohne Kötenbehang

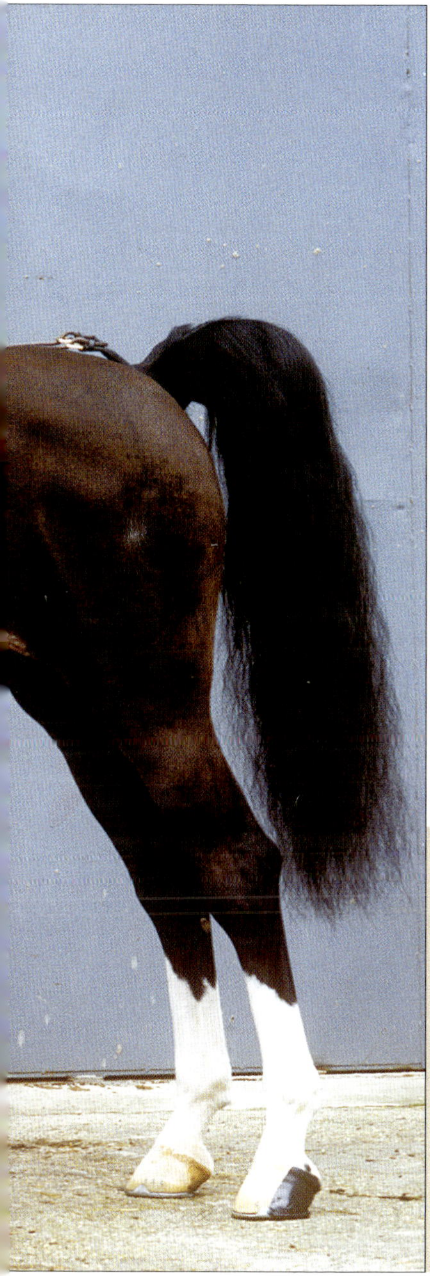

HACKNEY

Das Wort „Hackney“ kommt wahrscheinlich vom französischen „haquenée“, was so viel wie „Gaul“ oder „Schindmähre“ bedeutet. Seit dem Mittelalter wurde in England ein Reitpferd mit besonderer Ausdauer so genannt. Im frühen 18. Jahrhundert wurden der Blutlinie Araberpferde zugefügt. In Zeiten, als Pferdekutschen das Haupttransportmittel waren, war der Hackney für seine Fähigkeit bekannt, lange Strecken in einem gleichmäßigen Trab zurückzulegen. Nach dem Zweiten Weltkrieg bedrohten motorisierte Fahrzeuge seine Position, doch die Züchter beschlossen, aus dem Hackney ein Schaupferd zu machen. Das heutige Pferd präsentiert sich hervorragend im Schauring und ist auch bei internationalen Trabrennen erfolgreich. Seine Aktion ist schwebend, und es ist ausdauernd, athletisch und dabei gleichzeitig elegant.

Herkunft: Großbritannien
Blut: Warmblut
Stockmass: 143–156 cm
Farbe: alle Grundfarben
Lebensraum: kaltgemäßigte Klimazone
Eignung: Fahrpferd
Charakter: grundsätzlich umgänglich, kann launisch sein
Merkmale: kleiner Kopf mit leicht konvexem Profil, langer eleganter Hals, kräftige steile Schulter, kompakter Körper, hoch angesetzter Schweif

ENGLISCHES VOLLBLUT

Das Englische Vollblut wurde im 17. und 18. Jahrhundert in Großbritannien entwickelt. Jedes Pferd im Stutbuch ist auf einen von drei Stammhengsten zurückzuführen. „Byerley Turk" wurde 1689 von den Türken erbeutet und war vermutlich ein Araber oder Achal-Tekkiner; sein Enkel „Herod" begründete eine der vier Hauptblutlinien, sein Sohn „Highflyer" die zweite. Der zweite Stammhengst, „Darley Arabian", wurde 1704 in Syrien gekauft und in Yorkshire zur Zucht eingesetzt. Sein Enkel „Eclipse" – ein berühmtes Rennpferd – war Gründer einer weiteren Blutlinie. Der dritte Stammhengst, „Godolphin Arabian", ein Berber, kam 1728 nach England und wurde zunächst eingesetzt, um Stuten für andere Zuchthengste zu testen. Sein 1748 geborener Enkel „Matchem" begründete die vierte Vollblutlinie. Das Englische Vollblut hat fast perfekte Proportionen, erreicht als schnellstes Pferd der Welt eine Geschwindigkeit von 72 km/h und kann bis zu 10 m weit springen.

Herkunft: Großbritannien
Blut: Vollblut
Stockmass: 162–165 cm
Farbe: alle Grundfarben
Lebensraum: kaltgemäßigte Klimazone
Eignung: Reitpferd
Charakter: nervös
Merkmale: edler Kopf auf elegant geschwungenem Hals, schräge Schulter, kurzer kräftiger Rücken, muskulöse Hinterhand, lange Beine

ANGLO-ARABER

Der Anglo-Araber ist eine Kreuzung aus Araber und Englischem Vollblut. Er wurde im 18. und 19. Jahrhundert in Großbritannien entwickelt und ab dem 19. Jahrhundert in Frankreich perfektioniert. Ziel war es, ein Pferd zu züchten, das von beiden Rassen die besten Eigenschaften hatte: die Ausdauer und Gutmütigkeit des Arabers und die Kraft und Schnelligkeit des Vollbluts, jedoch ohne dessen nervöses Temperament. Die Zucht von Anglo-Arabern wird exakt berechnet: 50-prozentige Kreuzungen können Tiere hervorbringen, die langsamer als ihre Eltern sind. Der Rassestandard verlangt einen Araberanteil von mindestens 25 und höchstens 75 Prozent. Die Pferde sind sehr athletisch, schnell und sprungstark, wodurch sie gut für Hindernisrennen eingesetzt werden können. Sie sind leicht zu trainieren und deshalb auch geeignet für Dressur- und Springreiten.

HERKUNFT: Großbritannien und Frankreich
BLUT: Vollblut
STOCKMASS: 155–165 cm
FARBE: meist Brauner oder Fuchs, aber jede Grundfarbe möglich
LEBENSRAUM: kaltgemäßigte Klimazone
EIGNUNG: Reitpferd, Dressurpferd, Springpferd
CHARAKTER: grundsätzlich gutmütig, kann etwas launisch sein
MERKMALE: edler Kopf mit geradem Profil, langer Hals, kräftige schräge Schulter, kompakter Körper, tiefe Brust, muskulöse Hinterhand, lange schlanke Beine

WELSH-COB

Welsh-Cobs sind die größere Version der Welsh-Mountain-Ponys. Sie besitzen eine spektakuläre Trabaktion, die möglicherweise von den Rassen Norfolk Trotter und Yorkshire Coach Horse stammt, die beide im 18. und 19. Jahrhundert ins Zuchtprogramm aufgenommen wurden. Der Beimischung von Araberblut verdankt die Rasse ihr attraktives Exterieur. Welsh-Cobs sind vielseitig und ausdauernd. Sie wurden in der Landwirtschaft als Arbeitspferde eingesetzt, mussten beim Militär schwere Artillerie ziehen, der Kavallerie als Reitpferde dienen und zogen in der Stadt Lastkutschen. Heute werden sie aufgrund ihrer Sprungkraft und ihres Mutes als Reitpferde verwendet und wegen ihrer Ausdauer und besonderen Trabart als Schaupferde eingesetzt. Sie sind zudem robust und deshalb leicht zu halten.

HERKUNFT: Großbritannien
BLUT: Warmblut
STOCKMASS: ab 145 cm
FARBE: alle Grundfarben
LEBENSRAUM: gemäßigt, Flachland
EIGNUNG: Fahrpferd, Reitpferd
CHARAKTER: gutmütig, ruhig
MERKMALE: hübscher Kopf auf geschwungenem Hals, schräge lange Schulter, kompakter Körper mit viel Gurtentiefe, muskulöse Hinterhand, hoch angesetzter Schweif

DÄNISCHES WARMBLUT

HERKUNFT: Dänemark
BLUT: Warmblut
STOCKMASS: 162–165 cm
FARBE: alle Grundfarben
LEBENSRAUM: kaltgemäßigte Klimazone
EIGNUNG: Reitpferd, Dressurpferd
CHARAKTER: gutmütig, intelligent
MERKMALE: edler Kopf auf muskulösem, gut aufgesetztem Hals, schräge Schulter, breite tiefe Brust, kompakter Rücken, muskulöse Beine, gut angesetzter Schweif

Dänemark blickt auf eine lange Tradition der Pferdezucht zurück, vor allem durch die von Mönchen geführten Gestüte in Holstein, die im 14. Jahrhundert entstanden und damals zu Dänemark gehörten, sowie durch das königliche Gestüt Frederiksborg. Das Dänische Warmblut ist eine jüngere Züchtung. Obwohl das Stutbuch erst seit den 1960er-Jahren besteht, hat sich die Rasse bereits internationales Renommee erworben. Sie ist eine Mischung aus einheimischen Holsteinern, Frederiksborgern und anderen Rassen, darunter Trakehner, Vollblut und Selle Français. Das Ergebnis ist ein vielseitiges und temperamentvolles Pferd mit wunderbar freier Aktion, das bestens für Springreiten, Dressur und andere Wettkampfdisziplinen geeignet ist. Es hat das attraktive Aussehen des Vollbluts, ist aber robuster und ausgeglichener. Jeder Hengst wird sorgfältig getestet, bevor er ins Stutbuch Einlass findet.

FREDERIKSBORGER

Der Frederiksborger ist eine der ältesten dänischen Pferderassen. Benannt wurde sie nach König Frederik II., der 1562 das königliche Gestüt Frederiksborg gründete. Die Rasse basiert auf einer Kreuzung von einheimischen Pferden mit spanischen und italienischen Rassen. Die Pferde sollten der Kavallerie dienen und vor die königlichen Kutschen gespannt werden. Anfang des 18. Jahrhunderts ging man zur Reinzucht über, woraus 1765 das berühmte Pferd „Pluto" entstand, das Stammhengst einer der Lipizzanerlinien wurde. Der Frederiksborger wurde so beliebt, dass man viele der besten Tiere exportierte. Dadurch ging wertvolles Zuchtmaterial verloren, was fast das Aussterben der Rasse zur Folge hatte. Ende der 1930er-Jahre belebte man die Zucht wieder, doch der Bestand ist nach wie vor niedrig. Mit dem Frederiksborger wurden zahlreiche andere Rassen entwickelt und verbessert, darunter Jütländer und Dänisches Warmblut.

HERKUNFT: Dänemark
BLUT: Warmblut
STOCKMASS: 156–163 cm
FARBE: Fuchs, oft mit flachsblondem Mähnen- und Schweifhaar, andere Farben möglich
LEBENSRAUM: kaltgemäßigte Klimazone
EIGNUNG: Reitpferd, Fahrpferd
CHARAKTER: lebhaft, intelligent
MERKMALE: wohlproportionierter Kopf auf muskulösem hoch aufgesetztem Hals, steile Schulter, langer gerader Rücken, breite Brust

KNABSTRUPPER

HERKUNFT: Dänemark
BLUT: Warmblut
STOCKMASS: um 155 cm
FARBE: Schecke
LEBENSRAUM: kaltgemäßigte Klimazone
EIGNUNG: Reitpferd, Fahrpferd
CHARAKTER: gutmütig, lenkbar
MERKMALE: kleiner hübscher Kopf, kurzer dicker geschwungener Hals, steile Schulter, langer gerader Rücken, muskulöse Hinterhand, kräftige kurze Beine

Die ursprünglichen Knabstrupper stammen von der spanischen Stute „Flaebehoppen" ab, die auf dem Gut Knabstrup mit einem Frederiksborger gekreuzt wurde. Ihr Enkel „Mikkel" wurde der Stammhengst einer Linie von Tigerschecken. Diese frühen Pferde waren robust, arbeitsam, sehr intelligent und hatten eine schnelle Auffassungsgabe, doch die Rasse degenerierte durch schlechte Selektion – die ungewöhnliche Fellmusterung wurde höher bewertet als der Körperbau. Die Rasse stand kurz vor dem Aussterben, als 1933 ein dänischer Tierarzt eine Gesellschaft für ihren Erhalt gründete. Seitdem hat sich der Bestand etwas erholt, obwohl die Tiere immer noch selten sind. Der heutige Knabstrupper ist von höherer Qualität und weist ein breiteres Farbspektrum auf. Aufgrund seiner Intelligenz wird er oft im Zirkus eingesetzt, wo er Dressurtricks vorführt, und sein breiter Rücken dient als ideale Unterlage für Turnkunststücke.

CAMARGUE-PFERD

Das „Pferd des Meeres" ist im Rhônedelta im Südwesten Frankreichs beheimatet und lebt dort wild im Nationalpark der Camargue. Es stammt möglicherweise vom prähistorischen Solutré-Pferd ab und ähnelt den Pferden in den auf 15 000 v. Chr. datierten Höhlenmalereien von Lascaux. Die Rasse wurde ursprünglich von Berbern beeinflusst, die maurische Eroberer mitbrachten, doch sie wurde seit Jahrhunderten aufgrund ihrer geografischen Isolation nicht mehr mit Fremdblut vermischt. Camargue-Pferde sind durch die unwirtliche Landschaft zäh und genügsam. Stierhirten verwenden sie, um die wilden schwarzen Stiere der Region einzufangen und zu hüten, die später für Stierkämpfe eingesetzt werden. Die Pferde haben einen hohen Schritt, Kanter und Galopp sind fließend, doch der Trab wirkt gestelzt. Die Fohlen sind bei Geburt dunkelbraun oder schwarz, hellen aber mit der Zeit zu Schimmeln auf.

HERKUNFT: Frankreich
BLUT: Warmblut
STOCKMASS: bis 145 cm
FARBE: Schimmel
LEBENSRAUM: Sumpfgebiet
EIGNUNG: Reitpferd
CHARAKTER: grundsätzlich gutmütig
MERKMALE: schwerer Kopf mit ausgeprägtem Kiefer, kurzer Hals, steile Schulter, kurzer gedrungener Körper, kurze Beine, hoch angesetzter Schweif

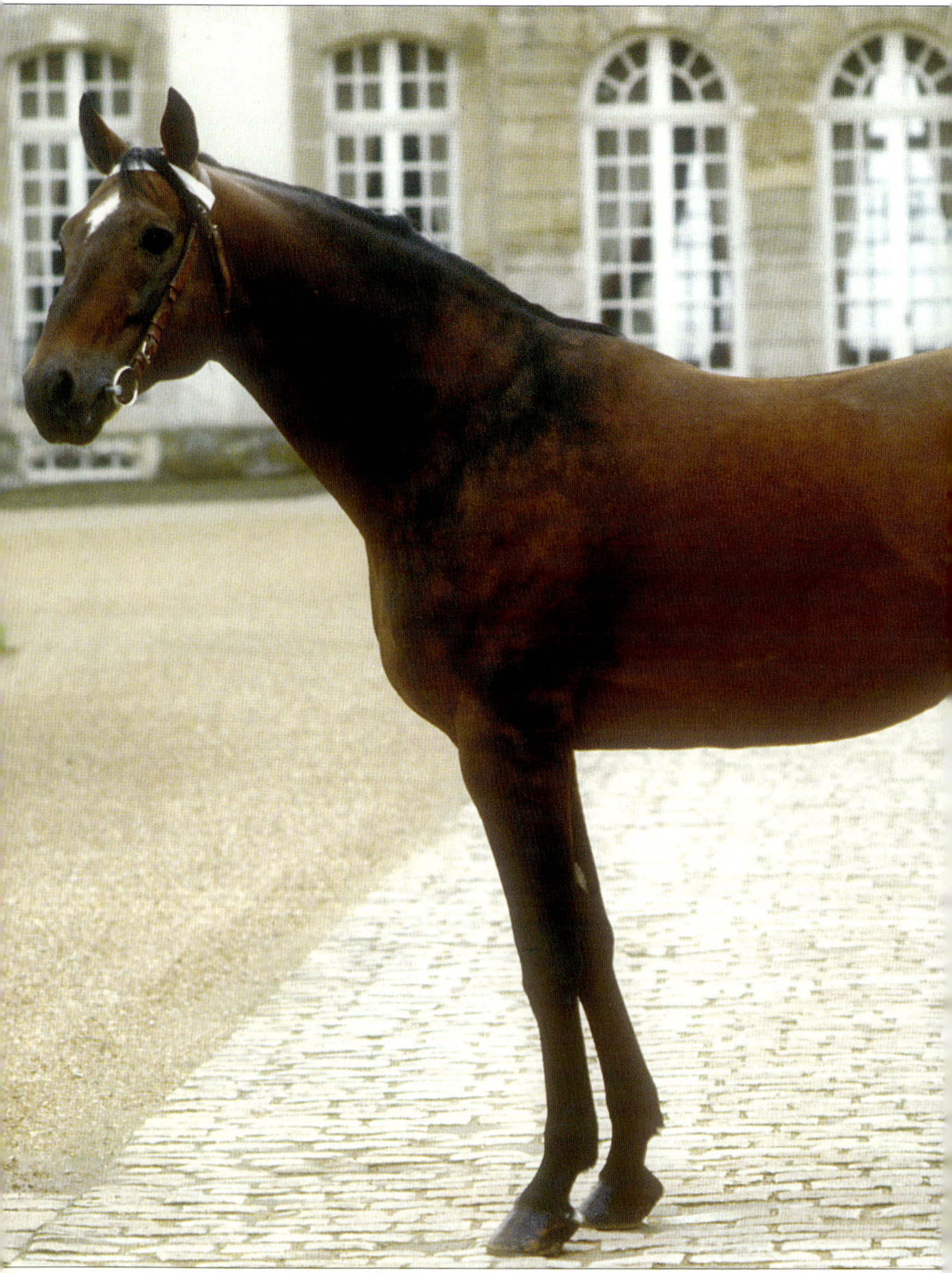

FRANZÖSISCHER TRABER

Der Französische Traber stammt vom Anglo-Normänner ab, der mit Vollblut, Norfolk Trotter und Standardbred gekreuzt wurde. Frühe Exemplare der Rasse waren noch recht schwer und ähnelten ihren normannischen Vorfahren, doch seitdem sind die Pferde leichter und edler geworden. Sie werden speziell für Trabrennen gezüchtet. Ihr Trab ist zwar ungewöhnlich diagonal, doch sie besitzen Ausdauer und einen weit ausholenden Schritt, was sie bei Rennen erfolgreich macht. Da bei der Zucht mehr auf Funktion als auf Körperbau geachtet wird, ist das Exterieur der Tiere sehr variabel, man hat sich jedoch bemüht, ihnen schräge Schultern anzuzüchten, da diese eine raumgreifende Gangart ermöglichen. Die ersten Trabrennen fanden in Frankreich im frühen 19. Jahrhundert statt und wurden schnell populär.

Herkunft: Frankreich
Blut: Warmblut
Stockmass: um 165 cm
Farbe: alle Grundfarben, oft Brauner oder Fuchs
Lebensraum: kaltgemäßigte Klimazone
Eignung: Fahrpferd
Charakter: grundsätzlich gutmütig
Merkmale: variabel, doch meist schlichter großer Kopf, proportionaler Hals, schräge Schulter, breiter kräftiger Rücken, muskulöse Hinterhand, gute Beine

SELLE FRANÇAIS

HERKUNFT: Frankreich
BLUT: Warmblut
STOCKMASS: bis 173 cm
FARBE: alle Grundfarben
LEBENSRAUM: kaltgemäßigte Klimazone
EIGNUNG: Reitpferd
CHARAKTER: umgänglich, ruhig
MERKMALE: kleiner hübscher Kopf auf langem muskulösem Hals, breite tiefe Brust, recht schräge Schulter, gerader Rücken, muskulöse leicht abfallende Kruppe

Im 19. Jahrhundert importierten Züchter aus der Normandie im Nordwesten Frankreichs Englische Vollblüter und Norfolk Trotter, um sie mit normannischen Pferden zu kreuzen. Die einheimischen Tiere besaßen Kraft und Ausdauer und waren als Kriegspferde eingesetzt worden. Die Kreuzung mit neuem Blut brachte eine Veredelung und führte zu zwei neuen Rassen: dem Französischen Traber und dem Anglo-Normänner. Der Anglo-Normänner wurde nach dem Zweiten Weltkrieg weiterentwickelt, und so entstand 1958 das Selle Français. Die Rasse ist immer noch eine Mischung verschiedener Rassen: Hengste der Rassen Vollblut, Anglo-Araber, Französischer Traber und Selle Français werden als Zuchttiere eingesetzt. Selle-Français-Pferde sind begabte Springer und haben bereits olympisches Gold sowie die Weltmeisterschaft im Springreiten gewonnen.

BAYERISCHES WARMBLUT

Bayern ist zwar eine der ältesten Pferdezuchtregionen Deutschlands, doch das Bayerische Warmblut ist relativ unbekannt, obwohl seine Zuchtgeschichte bis in die Zeit der Kreuzzüge im 11. Jahrhundert zurückreicht. Damals hieß es noch Rottaler und galt als hervorragendes Kriegspferd. Im 18. Jahrhundert wurde unter anderem mit Holsteiner, Andalusier und Cleveland Bay gekreuzt, im 19. Jahrhundert kam Oldenburger Blut dazu und später Vollblut. Ziel war es, den alten schweren Rottaler in ein leichteres Reit- und Wettkampfpferd zu verwandeln. Für das Bayerische Warmblut gibt es seit 1963 ein Stutbuch. Wichtig für die Zuchtselektion ist der Charakter der Tiere sowie das sportliche Leistungsvermögen. Die Rasse ist nicht schnell, dafür aber spring- und dressurbegabt. Sie hat die schöne Fuchsfarbe des Rottalers bewahrt.

HERKUNFT: Deutschland
BLUT: Warmblut
STOCKMASS: um 163 cm
FARBE: Fuchs, Brauner
LEBENSRAUM: kaltgemäßigte Klimazone
EIGNUNG: Reitpferd
CHARAKTER: ruhig, gutmütig
MERKMALE: eleganter Kopf auf muskulösem Hals, lange schräge Schulter, tiefe breite Brust, langer Rücken, kräftige Hinterhand, stabile Beine

HANNOVERANER

1735 gründete Georg II., König von England und dem damaligen Königreich Hannover, im niedersächsischen Celle ein Gestüt, auf dem Holsteinerhengste mit örtlichen Stuten gekreuzt wurden, um ein Pferd zu erzeugen, das als Kutschpferd, in der Landwirtschaft und auch als Reitpferd einsetzbar war. Später mischte man dem Zuchtprogramm Vollblüter bei, um die Qualität zu steigern. Das erste Stutbuch wurde 1888 eröffnet. Nach dem Zweiten Weltkrieg brauchte man die Tiere seltener auf Bauernhöfen und als Fahrpferde, sodass Züchter die Rasse stärker als Reitpferd ausrichteten, indem Vollblüter für Schnelligkeit und einen besseren Körperbau und Trakehner für Kraft und Ausdauer beigemischt wurden. Der moderne Hannoveraner ist einer der bekanntesten europäischen Warmblüter und gilt vor allem im Dressur- und Springreiten als ausgezeichnetes Wettbewerbspferd.

HERKUNFT: Deutschland
BLUT: Warmblut
STOCKMASS: um 165 cm
FARBE: alle Grundfarben
LEBENSRAUM: kaltgemäßigte Klimazone
EIGNUNG: Reitpferd
CHARAKTER: ruhig, gutmütig
MERKMALE: hübscher Kopf mit langem Hals, gute schräge Schulter, breite tiefe Brust, gerader Rücken, kräftiger Körper, muskulöse Hinterhand, schön angesetzter Schweif

HOLSTEINER

Der Ursprung des Holsteiners reicht ins 13. Jahrhundert zurück, als das Klostergestüt Uetersen vom holsteinischen Grafen Gerhard die Weiderechte für das benachbarte Weideland bekam. Die Mönche kreuzten einheimische Pferde mit spanischen und orientalischen Rassen zu einem schweren, aber eleganten Pferd, das sowohl als Kriegspferd als auch in der Landwirtschaft verwendet wurde. Im 17. und 18. Jahrhundert erfreute sich der Holsteiner großer Beliebtheit. Im 19. Jahrhundert wurden andere Rassen, darunter Yorkshire Coach Horse und Cleveland Bay, ins Zuchtprogramm aufgenommen, um ein adretteres Kutschpferd hervorzubringen. Nach dem Zweiten Weltkrieg verschob sich der Schwerpunkt auf den Einsatz als Reitpferd, weshalb man Vollblut zufügte. Heute gilt der Holsteiner als eine der besten Sportrassen und wird oft in der Zucht anderer Rassen verwendet.

HERKUNFT: Deutschland
BLUT: Warmblut
STOCKMASS: 163–173 cm
FARBE: alle Grundfarben, aber meist Brauner oder Fuchs
LEBENSRAUM: kaltgemäßigte Klimazone
EIGNUNG: Reitpferd
CHARAKTER: umgänglich, ruhig
MERKMALE: wohlproportionierter Kopf auf elegantem muskulösem Hals, schräge Schulter, breite tiefe Brust, gerader Rücken, muskulöse Hinterhand, kurze Beine

OLDENBURGER

7 +x

Herkunft: Deutschland
Blut: Warmblut
Stockmass: 163–175 cm
Farbe: alle Grundfarben, aber meistens Fuchs
Lebensraum: kaltgemäßigte Klimazone
Eignung: Reitpferd
Charakter: umgänglich, ruhig
Merkmale: edler Kopf auf recht kurzem Hals, schräge Schulter, tiefe breite Brust, kräftiger Körper, gute Beine

Der Oldenburger wurde im 17. Jahrhundert als Kutschpferd und für den Einsatz in der Landwirtschaft entwickelt. Die Rasse basiert auf Friesen, die mit spanischen, neapolitanischen und türkischen Pferden sowie Berbern gekreuzt wurden. Die Pferde waren schwer und kräftig sowie vom Wesen her gutmütig und arbeitswillig. Im 19. Jahrhundert wurden sie beim Militär als Kavalleriepferde und bei der Post als Postkutschenpferde eingesetzt. Gegen Ende des 19. Jahrhunderts änderten sich jedoch die Anforderungen, und so wurde der Oldenburger mit dem Vollblut gekreuzt, um ein leichteres und besseres Pferd zu erhalten. Die heutige Rasse gehört zwar immer noch zu den schwersten und kräftigsten Warmblütern, ist aber vielseitig einsetzbar. Die Tiere erbringen als Wettbewerbspferde hervorragende Leistungen in den Disziplinen Dressur, Springreiten und Eventing.

RHEINISCHES WARMBLUT

Das Rheinische Kaltblut war einst ein sehr beliebtes Arbeitspferd und galt als das beste deutsche Kaltblut. Als der Bedarf an Pferden in der Landwirtschaft zurückging, verwendeten Züchter die Rasse als Zuchtbasis für ein Reitpferd. Warmblüter der Rassen Vollblut, Trakehner und Hannoveraner wurden mit Hengsten hannoversch-westfälischer Abstammung gekreuzt und die daraus entstandenen Hengste mit leichteren Exemplaren des Rheinischen Kaltbluts rückgekreuzt. Die Züchter wollten Körperbau und Aktion verbessern und gleichzeitig den hervorragenden Charakter des alten Rheinländers bewahren. Das Rheinische Warmblut ist heute ein gutes Reitpferd, das sich besonders beim Springreiten auszeichnet. Es wird weltweit zunehmend populärer, hat aber noch nicht den Bekanntheitsgrad anderer deutscher Rassen erreicht.

HERKUNFT: Deutschland
BLUT: Warmblut
STOCKMASS: um 165 cm
FARBE: alle Grundfarben, aber meistens Fuchs
LEBENSRAUM: kaltgemäßigte Klimazone
EIGNUNG: Reitpferd
CHARAKTER: umgänglich, ruhig
MERKMALE: edler Kopf auf recht kurzem Hals, schräge Schulter, tiefe breite Brust, stabiler Körper, gute Beine

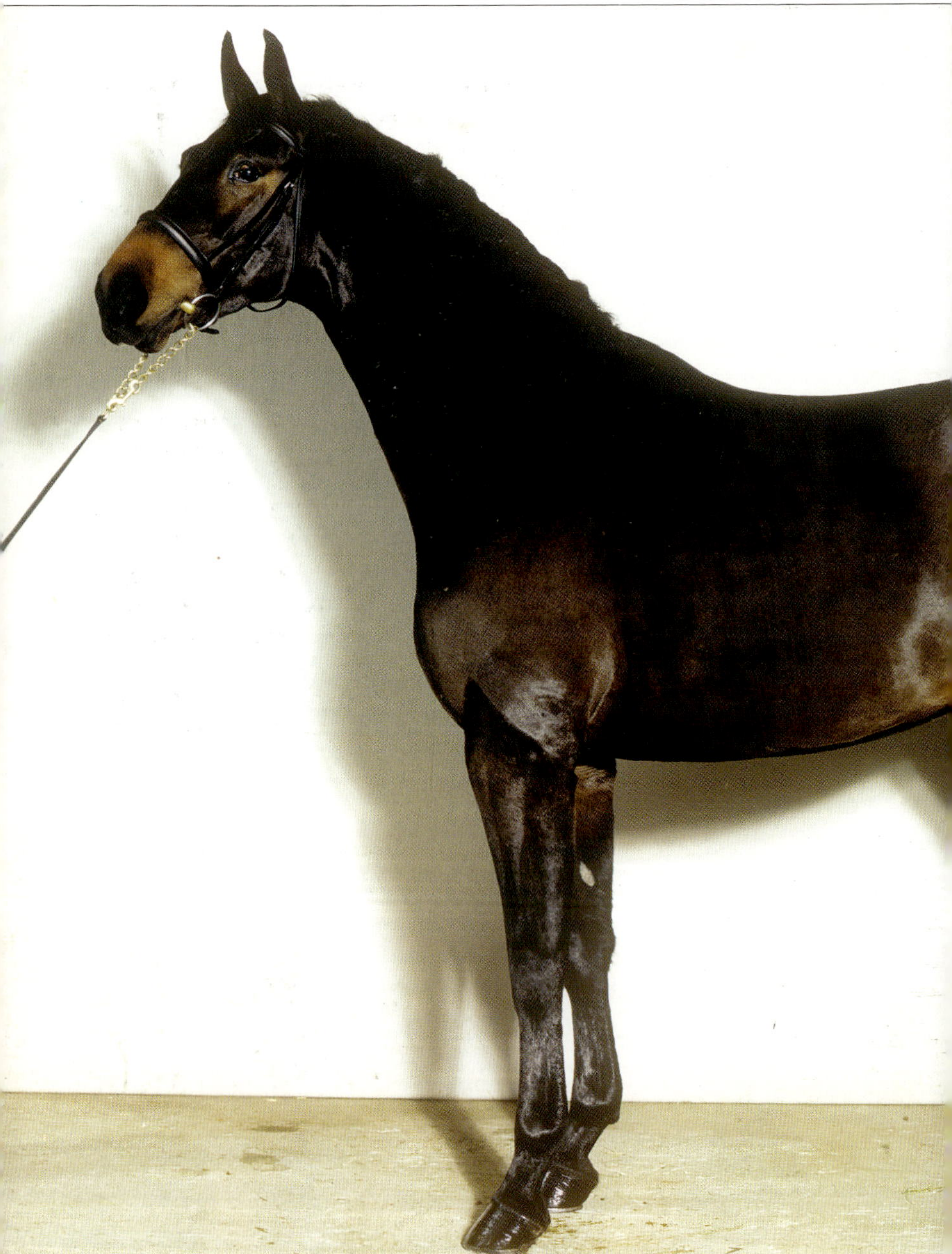

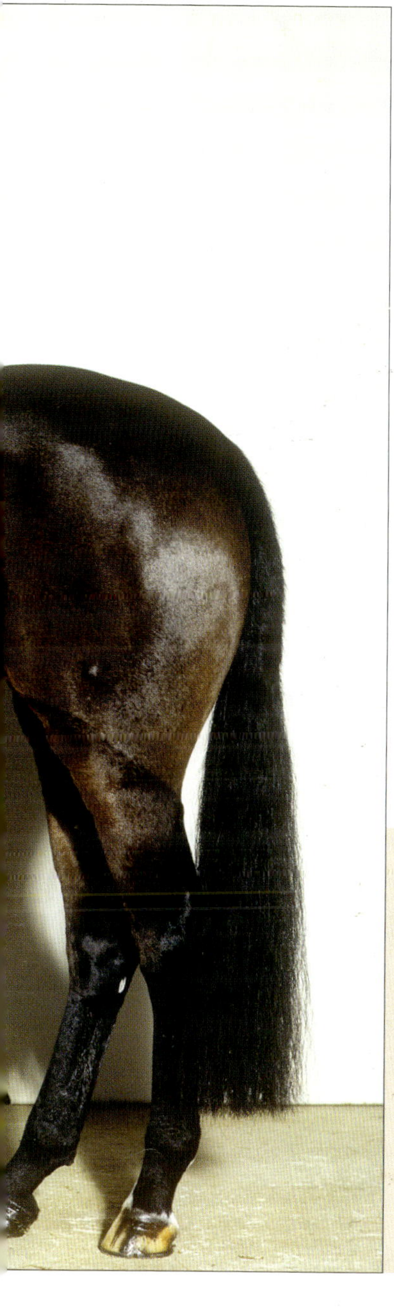

WESTFALE

Schon zu Römerzeiten lebten Herden von Wildpferden in den für Ackerbau ungeeigneten Sumpfgebieten Westfalens. Sogar heute existiert noch eine Herde in der Nähe von Dülmen, aus der jährlich Hengste eingefangen und verkauft werden. Die Züchter der damaligen Zeit verwendeten die Tiere als Zuchtbasis, stellten aber erst 1826 mit Gründung des staatlichen Gestüts Warendorf einen einheitlichen Zuchtstandard auf. Zunächst wurden Oldenburger und Anglo-Normänner in das neue Zuchtprogramm aufgenommen, später bildete jedoch der Hannoveraner unter Beimischung von Vollblut und Trakehner die Blutbasis des Westfalen. Der Westfale ähnelt in vielerlei Hinsicht dem Hannoveraner. Es ist ein hervorragendes und leicht trainierbares Wettbewerbspferd mit attraktivem Exterieur, das in den Diziplinen Springreiten und Dressur Höchstleistungen erbringt. Aufgrund seines ruhigen Wesens eignet es sich auch als allgemeines Reitpferd.

HERKUNFT: Deutschland
BLUT: Warmblut
STOCKMASS: 156–165 cm
FARBE: alle Grundfarben
LEBENSRAUM: kaltgemäßigte Klimazone
EIGNUNG: Reitpferd, Dressurpferd
CHARAKTER: ruhig, gutmütig
MERKMALE: schöner Kopf mit langem Hals, gute schräge Schulter, breite tiefe Brust, gerader Rücken, kräftiger Körper, muskulöse Hinterhand, schön angesetzter Schweif

WÜRTTEMBERGER

Herkunft: Deutschland
Blut: Warmblut
Stockmass: ab 163 cm
Farbe: Brauner, Fuchs
Lebensraum: kaltgemäßigte Klimazone
Eignung: Reitpferd
Charakter: umgänglich, zutraulich
Merkmale: durchschnittlicher Kopf, aufmerksame Ohren, muskulöser Hals, tiefe breite Brust, langer gerader Rücken, kräftige Beine

Der Württemberger gehört zu den klassischen deutschen Pferderassen. Entwickelt wurde er im 17. Jahrhundert im Landgestüt Marbach in Württemberg. Ursprünglich kreuzte man einheimische Warmblutstuten mit Araber-, Trakehner- und Anglo-Normänner-Hengsten, später kamen Friese, Spanier, Berber und Suffolk Punch hinzu. Der Württemberger war zunächst ein kleines robustes Pferd, das als leichtes Zugpferd sowie für landwirtschaftliche Arbeiten eingesetzt wurde. Später entwickelte es sich zu einem leichteren Reitpferd. Im Unterschied zu anderen deutschen Warmblütern hat der Württemberger viel Araberblut in sich, da Marbach eine berühmte Herde Araberpferde besitzt. Das Pferd ist zwar eher schlicht und untersetzt, hat aber eine hervorragende Aktion und einen umgänglichen Charakter. Es ist ein ausgezeichnetes Reit-, Spring- und Dressurpferd.

HOLLÄNDISCHES WARMBLUT

Die Niederlande sind Heimat vieler erfolgreicher Pferdezüchtungen, und das Holländische Warmblut ist eine der jüngsten Rassen des Landes. Es wurde nach dem Zweiten Weltkrieg als Wettkampfpferd gezüchtet. Zunächst kreuzte man zwei einheimische Rassen: den Gelderländer, ein prächtiges Kutschpferd, das Größe, Kraft und Showaktion in die Züchtung einbrachte, sowie den Groninger, ein schwereres Pferd mit viel Kraft und Ausdauer. Später wurde noch etwas Vollblut beigemischt, um der Rasse ein edles Aussehen und Schnelligkeit zu verleihen. Das Holländische Warmblut ist für seine stabilen Gliedmaßen bekannt. Es gehört zwar nicht zu den allerschnellsten Pferden, ist aber athletisch und besitzt große Sprungkraft. Es ist sehr attraktiv, hat eine wunderbar frei fließende Aktion und ein gutmütiges Wesen, was es zum idealen Dressurpferd macht.

HERKUNFT: Niederlande
BLUT: Warmblut
STOCKMASS: bis 166 cm
FARBE: alle Grundfarben
LEBENSRAUM: kaltgemäßigte Klimazone
EIGNUNG: Reitpferd, Dressurpferd
CHARAKTER: gutmütig, willig
MERKMALE: wohlproportionierter Kopf, muskulöser gut aufgesetzter Hals, schräge Schulter, tiefe breite Brust, gerader Rücken, kräftige Hinterhand, gut angesetzter Schweif

FRIESE

Möglicherweise züchteten Mönche im niederländischen Friesland das inzwischen ausgestorbene riesige Waldpferd zu einem leichteren Typus um, der Vorfahre des Friesen wurde. Sicher ist, dass die eleganten, schwarz glänzenden Friesenpferde im Mittelalter von Rittern auf ihren Kreuzzügen geritten wurden. Die Tiere sind sehr stark für ihre Größe und von stolzer Haltung. Als im 16. und 17. Jahrhundert die Spanier Holland besetzten, wurde der Friese wahrscheinlich mit spanischen Pferden gekreuzt – sein prächtiges Mähnen- und Schweifhaar sowie die ausgeprägte Beinaktion gehen auf den Einfluss von Andalusiern und Lusitanos zurück. Mit den Römern kam die Rasse nach Großbritannien, beeinflusste dort Dales- und Fell-Ponys und wurde für die Zucht des mittlerweile ausgestorbenen English Great Horse verwendet. Der Friese ist bekannt für sein gutmütiges Wesen und gibt ein ausgezeichnetes Kutschpferd ab.

Herkunft: Niederlande
Blut: Kaltblut
Stockmass: 152–166 cm
Farbe: Rappe
Lebensraum: kaltgemäßigte Klimazone
Eignung: Fahrpferd
Charakter: sanft, gutmütig
Merkmale: aristokratischer Kopf auf kraftvollem geschwungenem Hals, kräftige Schulter, kompakter Körper, kurze kräftige Beine mit dichtem seidigem Kötenbehang, prächtiges Mähnen- und Schweifhaar

GELDERLÄNDER

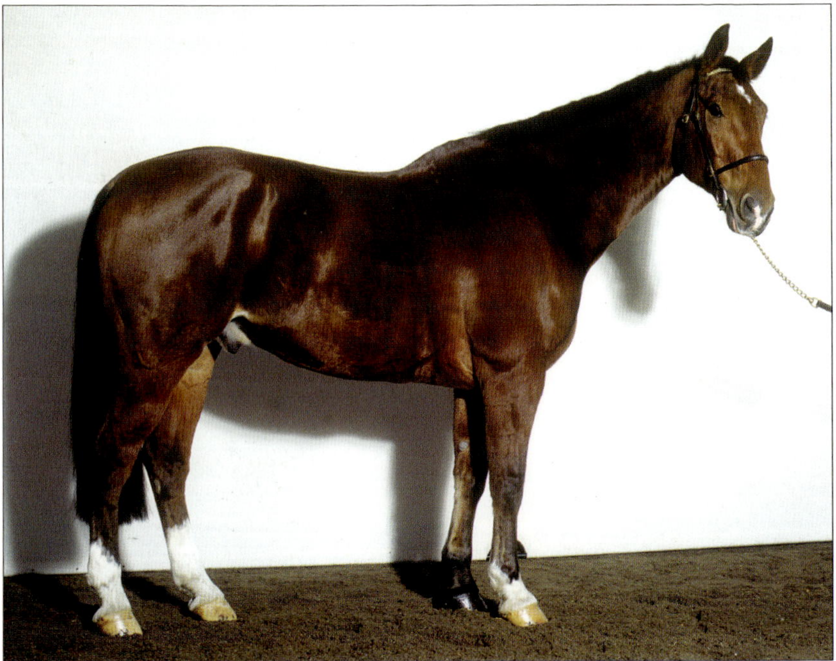

HERKUNFT: Niederlande
BLUT: Warmblut
STOCKMASS: 155–165 cm
FARBE: meist Fuchs
LEBENSRAUM: kaltgemäßigte Klimazone
EIGNUNG: Reitpferd, Fahrpferd, leichtes Zugpferd
CHARAKTER: umgänglich
MERKMALE: langer, recht schlichter Kopf, muskulöser leicht geschwungener Hals, steile Schulter, gerader Rücken, muskulöse Hinterhand, hoch angesetzter Schweif

Im 19. Jahrhundert entwickelten Züchter aus dem niederländischen Gelderland ein Pferd, das sowohl Reit- als auch Kutschpferd war. Der Gelderländer basiert auf einheimischen Stuten, die unter anderem mit Norfolk-Trotter-, Andalusier- sowie Holstein-Hengsten gekreuzt wurden, ist also genetisch recht bunt gemischt. Später kamen noch Ostfriese, Oldenburger, Hackney und Vollblut hinzu. Nach zunehmender Mechanisierung der Landwirtschaft wurde der Gelderländer weniger als Arbeitspferd, dafür aber zunehmend als repräsentatives Kutschpferd mit hervorragendem Charakter geschätzt. Man entwickelte aus dem Gelderländer und dem Groninger das Holländische Warmblut, und seit 1960 wird er als Unterkategorie dieser Rasse klassifiziert. Die Pferde werden heute immer noch als Kutschpferde eingesetzt und nehmen aufgrund ihrer hohen Beinaktion beim Trab erfolgreich an Fahrwettkämpfen teil.

GRONINGER

Der heute seltene Groninger war einstmals ein in den Niederlanden weitverbreitetes und aufgrund seiner Zuverlässigkeit und Ausdauer sehr beliebtes Arbeitspferd. Es war schwerer als der benachbarte Gelderländer und dadurch besser geeignet, die Lehmböden der Provinz Groningen zu beackern. Der Groninger entstand durch Kreuzung einheimischer Pferde mit Friesen und Oldenburgern. Später brachte das Suffolk Punch noch Gewicht und zusätzliche Kraft in die Zucht mit ein. Aus Groninger und Gelderländer entstand das Holländische Warmblut, dessen Erfolg dazu führte, dass es 1970 nur noch einen einzigen reinrassigen Groninger-Hengst gab. Mithilfe von Oldenburger Blut wurde die Rasse jedoch bewahrt, obwohl sie inzwischen, wie der Gelderländer, nur noch als Unterkategorie des Holländischen Warmbluts angesehen wird.

Herkunft: Niederlande
Blut: Warmblut
Stockmass: 156–164 cm
Farbe: Brauner, Rappe
Lebensraum: kaltgemäßigte Klimazone
Eignung: Arbeitspferd für Landwirtschaft, Fahrpferd, leichtes Zugpferd
Charakter: ruhig, willig
Merkmale: langer schlichter Kopf, muskulöser Hals, leicht schräge Schulter, breite tiefe Brust, langer Rücken, muskulöse Hinterhand, kurze kräftige Beine, hoch angesetzter Schweif

SCHWEDISCHES WARMBLUT

HERKUNFT: Schweden
BLUT: Warmblut
STOCKMASS: um 166 cm
FARBE: alle Grundfarben
LEBENSRAUM: gemäßigte Klimazone
EIGNUNG: Reitpferd, Dressurpferd, Fahrpferd
CHARAKTER: ausgeglichen, ruhig
MERKMALE: hübscher Kopf auf langem wohlgeformtem Hals, muskulöse schräge Schulter, breite tiefe Brust, kompakter Körper, muskulöse Hinterhand

Das Schwedische Warmblut wurde im 17. Jahrhundert als Kavalleriepferd gezüchtet. Die großen schwedischen Gestüte Strömsholm und Flyinge, beide im 17. Jahrhundert gegründet, kreuzten einheimische Stuten mit vielen anderen Rassen, um Pferde für die örtlichen Bauern und die Armee zu entwickeln. Als das Militär sein eigenes Zuchtprogramm aufbaute, importierte es dafür Friesen, Vollblüter, Hannoveraner und Trakehner und züchtete ein vielseitiges Reitpferd. 1874 führte die Regierung selektives Züchten ein und legte die Standards für mehrere neue Rassen fest, darunter das Schwedische Warmblut. 1928 wurde der offizielle Zuchtverband gegründet. Die Tiere werden aufgrund ihres Exterieurs, ihres ausgeglichenen Wesens und ihrer hervorragenden sportlichen Fähigkeiten in den Disziplinen Springreiten, Dressur, Eventing und Trabrennen geschätzt.

EINSIEDLER

Der Einsiedler, auch Schweizer Warmblut genannt, stammt aus dem Benediktinerkloster Einsiedeln – und ist damit eine von vielen europäischen Pferderassen, die von Mönchen entwickelt wurden. Im 10. Jahrhundert züchteten die Mönche des Klosterstifts ein vielseitiges Reit- und Arbeitspferd und erzielten im Mittelalter eine hervorragende Züchtung namens „Cavalli della Madonna", die später in Einsiedler umbenannt wurde. 1655 wurde ein Stutbuch angelegt. Später im 17. Jahrhundert probierte man Kreuzungen mit verschiedenen anderen Rassen, doch diese wirkten sich negativ auf die Zucht aus. 1784 wurde ein neues Stutbuch eröffnet, und der Einsiedler bildete trotz weiterer fremder Einflüsse eigenständige Rassemerkmale aus. Die Tiere sind vielseitig, attraktiv und für die meisten Reitwettbewerbe sowie als Fahrpferde geeignet.

Herkunft: Schweiz
Blut: Warmblut
Stockmass: bis 165 cm
Farbe: meist Fuchs oder Brauner, aber alle Grundfarben möglich
Lebensraum: gemäßigt, Gebirge
Eignung: Reitpferd, Fahrpferd
Charakter: grundsätzlich gutmütig
Merkmale: wohlproportionierter Kopf, muskulöser Hals, schräge Schulter, breite tiefe Brust, langer gerader Rücken, kräftige Hinterhand, lange Beine

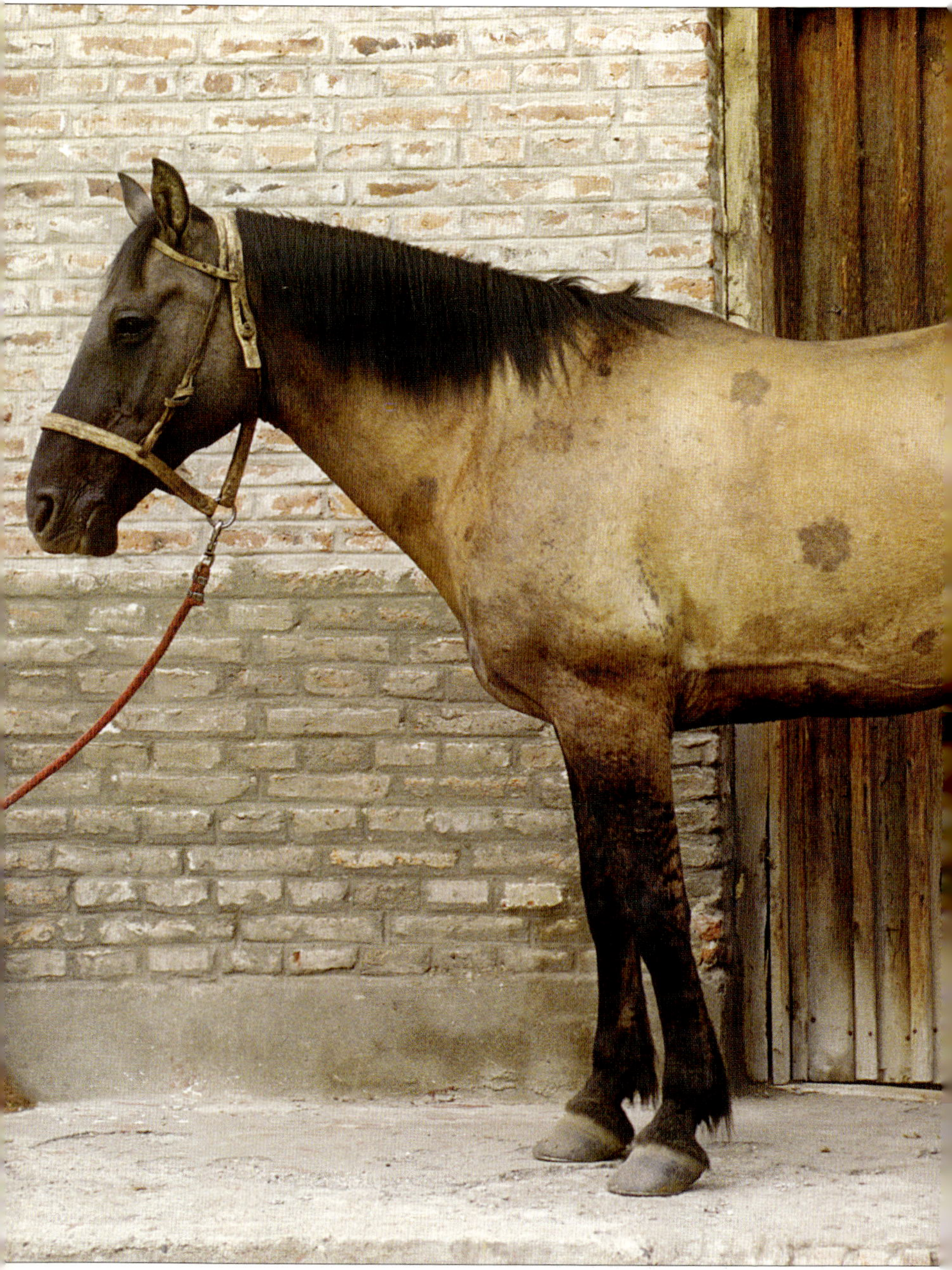

CRIOLLO

Die argentinische Rasse Criollo lässt sich ins 16. Jahrhundert zurückverfolgen, als vorwiegend berberblütige spanische Pferde nach Buenos Aires importiert und dort mit einheimischen Pferden gekreuzt wurden. Doch Mitte des Jahrhunderts plünderten Indianer die Stadt, und viele Pferde entkamen und lebten fortan wild. Da das Klima hart und von extremen Temperaturen geprägt ist, wurde der Criollo zäh und ausdauernd. Anfang des 19. Jahrhunderts schädigte der Einfluss fremden Blutes die Rasse, weshalb man eine Gesellschaft zu ihrem Erhalt gründete. Die Tiere werden für ihre Langlebigkeit und Ausdauer geschätzt und sind ausgesprochen genügsam. Sie sind die Lieblingsreittiere der Gauchos und hatten maßgeblichen Anteil an der Entwicklung des argentinischen Poloponys.

HERKUNFT: Argentinien
BLUT: Warmblut
STOCKMASS: 142–153 cm
FARBE: meist Falbe, aber alle Farben möglich
LEBENSRAUM: Grasland
EIGNUNG: Reitpferd
CHARAKTER: willig, umgänglich
MERKMALE: langer Kopf auf langem muskulösem Hals, schräge Schulter, breite Brust, kompakter Rücken, muskulöse Hinterhand, kräftige Beine

MANGALARGA MARCHADOR

HERKUNFT: Brasilien
BLUT: Warmblut
STOCKMASS: 145–163 cm
FARBE: meist Schimmel, Brauner oder Fuchs
LEBENSRAUM: Grasland
EIGNUNG: Reitpferd, Viehtreiber, Fahrpferd
CHARAKTER: sanft, ruhig
MERKMALE: hübscher Kopf auf elegant geschwungenem Hals, tiefe Brust, wohlproportionierter Körper, muskulöse Hinterhand, kräftige Beine, niedrig angesetzter Schweif

Der Mangalarga Marchador entstand Mitte des 18. Jahrhunderts in Brasilien. 1812 wurde dem Baron von Aldenas der spanische Hengst „Sublime“ geschenkt, der möglicherweise ein Altér Real war. Der Baron kreuzte den Hengst mit Berberstuten und Stuten der inzwischen ausgestorbenen iberischen Jennet-Rasse, und die Nachkommen wurden zunächst nach ihrem Stammhengst als Sublime-Pferde bezeichnet. Später kaufte eine Hacienda in Mangalarga einen Teil des Zuchtbestands und setzte das Zuchtprogramm fort. Die Rasse hat viele Merkmale des Jennet geerbt, insbesondere seine fließende Aktion. Sie verfügt über drei spezielle Gangarten: den „Marcha Picada“, einen Tölt, der besonders bequem ist; den „Marcha Batida“, einen Trabtölt, der dem Foxtrott ähnelt, und den „Centre March“, einen fließenden Kanter. Die Pferde sind sehr vielseitig und haben ein ruhiges Wesen, was sie für Kinder und Reitanfänger geeignet macht.

PASO PERUANO

Der Paso Peruano stammt von Pferden ab, die in der ersten Hälfte des 16. Jahrhunderts nach Peru kamen. Dabei handelte es sich höchstwahrscheinlich um Berber und Andalusier, aber auch um spanische Jennets. Nur wenige Rassen waren an der Entwicklung des Paso Peruano beteiligt. Er ist ein natürlicher Töltgänger, und sein extrem weicher Gang wird garantiert an die Nachkommenschaft vererbt. Der laterale Gang der Pferde ist ausgesprochen bequem und raumgreifend. Sie beherrschen zudem einen einzigartigen Gang namens „Termino", bei dem die Vorderbeine sich, einer schwimmenden Bewegung ähnlich, seitlich abwärts bewegen. Neben dem Gang werden die Zuchttiere auch nach dem Charakter selektiert: sie sind lebhaft, aber gutmütig.

HERKUNFT: Peru
BLUT: Warmblut
STOCKMASS: 142–153 cm
FARBE: alle Grundfarben
LEBENSRAUM: Savanne
EIGNUNG: Reitpferd
CHARAKTER: gutmütig, aber lebhaft
MERKMALE: edler Kopf auf geschwungenem muskulösem Hals, kompakter Körper, viel Gurtentiefe, muskulöse Hinterhand, kräftige Beine und Hufe

PASO FINO

Der Paso Fino stammt von den Pferden ab, die die spanischen Eroberer im 16. Jahrhundert nach Südamerika brachten. Wahrscheinlich handelt es sich um eine Mischung aus Andalusier, Berber und dem ausgestorbenen spanischen Jennet. Weiterentwickelt wurde die Rasse dann in der Dominikanischen Republik, Puerto Rico, Venezuela, Kuba und Kolumbien. „Paso fino" bedeutet „schöner Gang". Der viertaktige Tölt der Tiere ist natürlich und kann von Fohlen schon kurz nach der Geburt vollführt werden. Er kommt in drei verschiedenen Geschwindigkeiten vor: Der „Paso Fino" ist der langsamste im Hinblick auf das Vorwärtskommen, obwohl die Beine sich dabei sehr schnell bewegen; der „Paso Corto" ist raumgreifend, sehr weich und von der Geschwindigkeit her dem Trab ähnlich; der „Paso Largo" ist ein schneller Gang und liegt von der Geschwindigkeit her zwischen Kanter und Galopp – es werden bis zu 35,2 km/h erreicht.

HERKUNFT: Peru
BLUT: Warmblut
STOCKMASS: 142–153 cm
FARBE: alle Grundfarben
LEBENSRAUM: Grasland
EIGNUNG: Reitpferd
CHARAKTER: gefügig, aber lebhaft
MERKMALE: hübscher Kopf auf muskulösem Hals, kräftige Schulter, breite tiefe Brust, kurzer Rücken, runde Kruppe, kräftige Beine

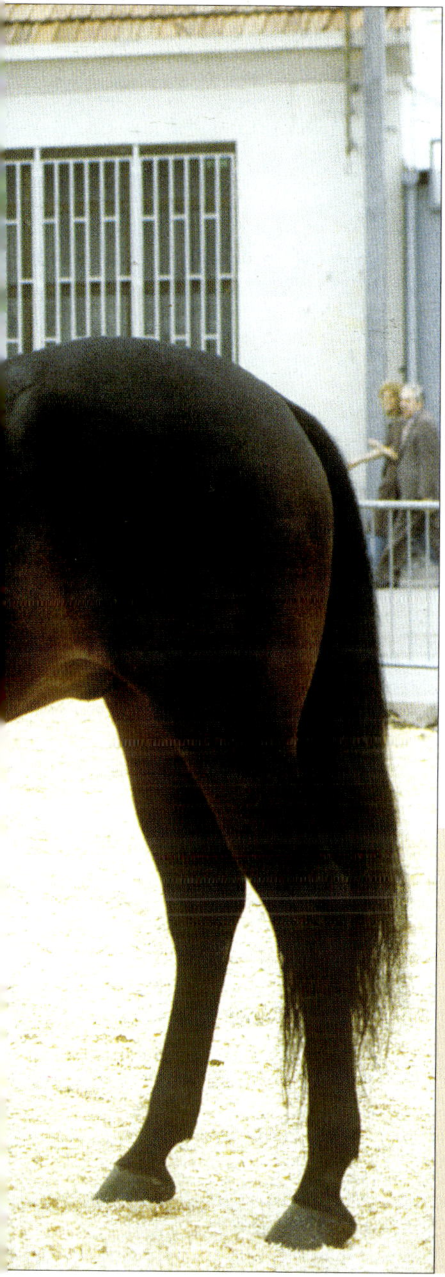

CALABRESER

In Italien wurden schon vor der Gründung Roms Pferde gezüchtet, der Calabreser entstand aber erst im frühen 18. Jahrhundert in Kalabrien, dem südlichsten Zipfel von Italien, als Kreuzung aus Arabern und Andalusiern. Die neue Rasse war wegen ihrer Kraft beliebt, die örtlichen Bauern bevorzugten aber Maultiere, da diese als arbeitsamer und zäher galten. Der Bestand an Calabresern ging folglich zurück, die Rasse starb jedoch nicht völlig aus, sondern wurde im 19. Jahrhundert wiederbelebt und mit Vollblütern veredelt. Heute ist der Calabreser ein nützliches und vielseitiges Reitpferd mit angenehmem Wesen. Die Tiere sind zäh und robust und trotz ihrer Lebhaftigkeit gut lenkbar. Die Rasse ist weltweit nicht besonders bekannt, in Italien jedoch recht beliebt.

HERKUNFT: Italien
BLUT: Warmblut
STOCKMASS: 156–165 cm
FARBE: alle Grundfarben
LEBENSRAUM: Mittelmeerraum
EIGNUNG: Reitpferd
CHARAKTER: ruhig, aber aktiv
MERKMALE: edler Kopf, wohlproportionierter Hals, schräge Schulter, breite tiefe Brust, kompakter Körper, kurzer muskulöser Rücken, muskulöse Hinterhand

MAREMMANO

Herkunft: Italien
Blut: Warmblut
Stockmass: 152–156 cm
Farbe: alle Grundfarben
Lebensraum: Mittelmeerraum
Eignung: Reitpferd, leichtes Zugpferd
Charakter: grundsätzlich gutmütig
Merkmale: langer schwerer schlichter Kopf, kurzer muskulöser Hals, leicht schräge Schulter, kurzer gerader Rücken, kräftige Beine, harte Hufe

Der Maremmano ist nach der Maremma benannt, einer sumpfigen Region an der toskanischen Küste Italiens. Die Ursprünge der Rasse lassen sich nicht eindeutig zurückverfolgen, da sie im Laufe der Jahre mit vielen Rassen gekreuzt wurde. Deutlich ist der Einfluss des Berbers zu erkennen, der Zähigkeit und Ausdauer eingebracht hat, sowie des Norfolk Trotter, der die Aktion verbesserte. Der Maremmano gilt als Allzweck-Reitpferd, wird aber besonders gern von Polizei und Kavallerie eingesetzt. Er ist ein hervorragendes Hirtenpferd und wird von den italienischen Cowboys, den „Butteri“, eingesetzt, um die einheimischen Büffel- und Rinderherden zu treiben. Die Pferde sind nicht unbedingt attraktiv, dafür aber vielseitig, ruhig und arbeitsam. In jüngster Zeit haben sie als Wanderreitpferde in die Tourismusindustrie Einzug gehalten.

MURGESE

Der genaue Ursprung des Murgese ist nicht eindeutig geklärt. Er entstand wohl im 15. Jahrhundert und war zunächst als Kavalleriepferd beliebt. Die Blutlinie enthält wahrscheinlich Einflüsse von Neapolitaner, Berber, Araber und vielleicht Aveligneser. Benannt wurde die Rasse nach der Region Murge in Apulien. Später degenerierte sie und starb fast aus, in den 1920er-Jahren ließ man sie jedoch wieder aufleben – wobei nicht sicher ist, ob die heutigen Tiere noch viel Ähnlichkeit mit ihren Vorfahren haben. Sicherlich sind sie nach Zugabe von Vollblütern edler geworden. Der Murgese ist robust, sehr gutmütig und sparsam in der Haltung. Er wird in der Landwirtschaft und als leichtes Zugpferd eingesetzt, zunehmend aber auch als Reitpferd.

Herkunft: Italien
Blut: Warmblut
Stockmass: 152–163 cm
Farbe: meist Fuchs oder Rappe, gelegentlich Schimmel
Lebensraum: Mittelmeerraum
Eignung: leichtes Zugpferd, Reitpferd
Charakter: ruhig, gutmütig
Merkmale: attraktiver Kopf mit konvexem Profil, muskulöser Hals mit dichter Mähne, leicht schräge Schulter, tiefe breite Brust, kurzer Rücken, kräftige Beine

SALERNER

Herkunft: Italien
Blut: Warmblut
Stockmass: 163–173 cm
Farbe: alle Grundfarben
Lebensraum: Mittelmeerraum
Eignung: Reitpferd
Charakter: gutmütig, umgänglich
Merkmale: edler Kopf, langer muskulöser Hals, schräge Schulter, wohlproportionierter Rücken, muskulöse Hinterhand, schlanke Beine

Obwohl der Salerner einige hervorragende Eigenschaften besitzt, ist er leider recht selten. Die Rasse geht auf die zweite Hälfte des 18. Jahrhunderts zurück und wurde zuerst im Gestüt Persano in der italienischen Region Kampanien gezüchtet. Dort kreuzte man Neapolitaner unter Zumischung von Spaniern und Arabern mit einheimischen Pferden. Ursprünglich war die Rasse nach dem Gestüt benannt, als dieses jedoch 1864 schloss, änderte man den Namen in „Salerner“ um. Die Pferde besitzen ein ausgeglichenes Wesen und einen guten Körperbau und geben aufgrund ihres athletischen Springvermögens hervorragende Springreitpferde ab. Zwei der größten italienischen Springpferde waren „Merano“, der 1956 die Weltmeisterschaft im Springreiten gewann, und „Posillipo“, der 1960 olympisches Gold holte. Beide wurden von Raimondo d’Inzeo geritten.

SANFRATELLANO

Der Sanfratellano ist ein halbwildes Pferd, das in Herden die bewaldeten Hänge des Nebrodi-Gebirges im östlichen Sizilien durchstreift. Seine genaue Blutlinie ist unbekannt – wahrscheinlich enthält es Elemente von Vollblütern und orientalischen Rassen, die mit einheimischen Rassen wie Murgese und Salerner gekreuzt wurden. Die unwirtliche Umgebung mit ihren extremen Temperaturschwankungen (kalt im Winter, heiß und schwül im Sommer) hat die Tiere ausgesprochen robust und resistent gegen viele Pferdekrankheiten gemacht. Im Mittelalter zogen Ritter mit ihnen in die Schlacht, und die örtlichen Bauern bestellten mit ihrer Hilfe die Felder. Heute existieren nur noch wenige Hundert Exemplare, seit den 1990er-Jahren wird jedoch ein Herdenbuch geführt, und die italienische Regierung hat Interesse daran bekundet, diese einzigartige Rasse zu erhalten.

Herkunft: Italien
Blut: Warmblut
Stockmass: 152–163 cm
Farbe: Brauner, Rappe
Lebensraum: Mittelmeerraum
Eignung: Reitpferd
Charakter: umgänglich, ruhig
Merkmale: hübscher, aber etwas schwerer Kopf, muskulöser kurzer Hals, schräge Schulter, breite tiefe Brust, muskulöse Hinterhand, hoch angesetzter Schweif

ALTÉR REAL

Der Altér Real wurde einst als königliches Pferd entwickelt. Mitte des 18. Jahrhunderts importierte die in Portugal herrschende Braganza-Familie Andalusier-Stuten als Zuchtbasis für Pferde, die für die Hohe Schule der Reitkunst sowie als Kutschpferde geeignet waren. Die Rasse wurde bald bekannt, doch im frühen 19. Jahrhundert ging mit dem Einmarsch Napoleons ein Großteil des Bestands verloren. Später wurde sie mit Fremdblut kontaminiert, was die Rasse nahezu vernichtete. Man setzte Andalusier ein, um sie wiederzubeleben, doch als sich 1910 die portugiesische Monarchie auflöste, wurden die Zuchtarchive zerstört. Glücklicherweise rettete der Hippologe Dr. Ruy d'Andrade zwei Hengste, mit denen die Rasse überlebte. Seit 1932 wird das Zuchtprogramm vom portugiesischen Landwirtschaftsministerium geführt. Der Altér Real ist intelligent, besitzt einen unverwechselbaren Charakter und hat eine auffällige Aktion, die für die Hohe Schule geeignet ist.

Herkunft: Portugal
Blut: Warmblut
Stockmass: 152–163 cm
Farbe: Brauner, Schwarzbrauner, manchmal Fuchs
Lebensraum: warmgemäßigte Klimazone
Eignung: Reitpferd
Charakter: intelligent, kann launisch sein
Merkmale: durchschnittlich großer Kopf mit geradem oder konvexem Profil, kurzer muskulöser geschwungener Hals, kompakter Körper, muskulöse Hinterhand, gut angesetzter Schweif

LIPIZZANER

Der Lipizzaner wird meist mit der Spanischen Reitschule in Wien – so genannt, weil sie ausschließlich spanische Pferde einsetzt – in Verbindung gebracht, er kommt aber eigentlich aus Slowenien. Dort wurde die Rasse von einem Gestüt in Lipica (früher Lipizza) entwickelt, das Erzherzog Karl II., Sohn des österreichischen Kaisers Ferdinand I., gründete. Man kreuzte Andalusier und Berber mit einheimischen Pferden, die zwar klein, aber robust waren und eine hohe Beinaktion aufwiesen. Lipizzaner sind vorwiegend Schimmel, das Fell der Fohlen ist bei Geburt aber dunkelbraun oder schwarz und wird später hell. Einige wenige bleiben allerdings dunkel – traditionell wird immer ein Brauner an der Spanischen Reitschule gehalten. Die besten Tiere werden trainiert, um die berühmten geziert schwebenden Schritte der Hohe Schule vorzuführen. Sie sind auch als allgemeine Reitpferde beliebt oder werden als Arbeitspferde auf Bauernhöfen eingesetzt.

Herkunft: Slowenien
Blut: Warmblut
Stockmass: 152–163 cm
Farbe: fast ausschließlich Schimmel
Lebensraum: kaltgemäßigte Klimazone
Eignung: Reitpferd, Fahrpferd
Charakter: intelligent, fügsam, gutmütig
Merkmale: großer hübscher Kopf auf kurzem dicken Hals, schräge Schulter, tiefe Brust, kompakter Körper, kräftige runde Kruppe, gut angesetzter Schweif

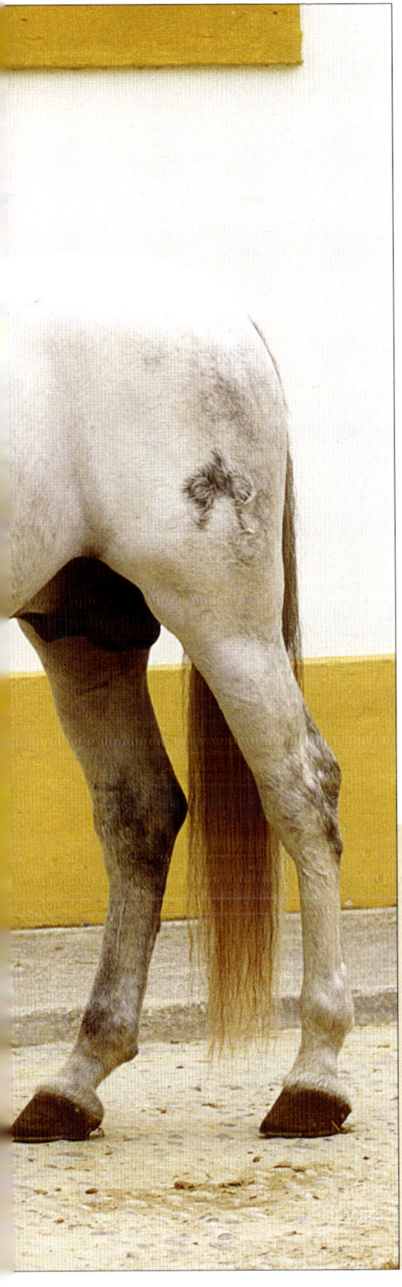

ANDALUSIER

Auf 20 000 Jahre alten Höhlenmalereien in Südspanien sind die prähistorischen Vorfahren des Andalusiers abgebildet. Seitdem hat die Rasse ihren Siegeszug um die Welt angetreten und dabei viele andere Rassen wesentlich beeinflusst, darunter Lipizzaner, Hackney, Criollo und Quarter Horse. Einst war der Andalusier das bevorzugte Reitpferd der Könige, doch im Mittelalter wurden schwerere Pferde benötigt, um die Ritter in ihrer Rüstung zu tragen. Nach der Erfindung von Schusswaffen im 15. Jahrhundert wurden die Pferde wieder beliebt, vor allem, da ihre stolze Schönheit sich ideal für die Hohe Schule der Reitkunst eignete. Der Andalusier ist eines der berühmtesten spanischen Pferde. Er hat eine starke Ausstrahlung, eine extravagant hohe Beinaktion und ist wendig und athletisch. Weltweit wird die Rasse immer noch „Andalusier" genannt, doch in Spanien selber heißt sie inzwischen „Pura Raza Española", was „reine spanische Rasse" bedeutet.

HERKUNFT: Spanien
BLUT: Warmblut
STOCKMASS: 152–163 cm
FARBE: meist Schimmel, aber auch Brauner, Fuchs und Rotschimmel möglich
LEBENSRAUM: warmgemäßigte Klimazone
EIGNUNG: Reitpferd
CHARAKTER: meist gutmütig, kann launisch sein
MERKMALE: edler Kopf mit breiter Stirn und konvexem Profil, dicker geschwungener Hals, schräge Schulter, breite tiefe Brust, muskulöse Hinterhand, langes dichtes Mähnen- und Schweifhaar

KARTÄUSER

HERKUNFT: Spanien
BLUT: Warmblut
STOCKMASS: 152–163 cm
FARBE: meist Schimmel, gelegentlich Brauner, Rappe, Fuchs, Rotschimmel
LEBENSRAUM: warmgemäßigte Klimazone
EIGNUNG: Reitpferd
CHARAKTER: meist gutmütig, kann launisch sein
MERKMALE: edler Kopf auf muskulösem geschwungenem Hals, schräge Schulter, tiefe Brust, wohlproportionierter Rücken, muskulöse Hinterhand

Der Kartäuser oder Cartujano gilt als das reinrassigste Pferd Spaniens. Es wurde im 15. Jahrhundert von den Mönchen eines andalusischen Kartäuserklosters durch sorgfältige Zuchtselektion entwickelt. Die Nachkommen der ersten Kartäuser bilden die älteste Dynastie reinrassiger Pferde in Europa. Als die Rasse vom Aussterben bedroht war, sorgten die im Kloster gezüchteten Tiere für ihren Erhalt. Heute gilt der Kartäuser eher als Unterkategorie des Andalusiers denn als eigenständige Rasse, doch er hat seine Identität bewahrt und wird – in Sichtweite des Klosters seiner Entstehung – auf der Farm Fuente del Suero in Jerez gezüchtet. Die Fohlen haben bei der Geburt ein dunkles Fell, hellen sich aber allmählich zu Schimmeln auf. Die Tiere werden besonders aufgrund ihrer Ausdauer, Vielseitigkeit und ihres hervorragenden Charakters geschätzt.

HISPANO

Der Hispano entstand in Spanien aus der Kreuzung von spanischen Andalusiern mit Englischen Vollblütern und Arabern. Er wird deshalb auch Spanischer Anglo-Araber genannt. Die Tiere können vom Aussehen her recht stark variieren – je nachdem, welcher Vorfahre dominant ist. Sie sind wohlproportioniert, grundsätzlich ausgeglichen, mutig, schnell und wendig. Zudem besitzen sie eine beachtliche Ausstrahlung und werden deshalb in Spanien oft bei Stierkämpfen eingesetzt sowie vorab beim Trainieren der Jungstiere. In anderen Regionen schätzt man den Hispano aufgrund seiner durch die schräge Schulter bedingten frei fließenden Bewegung als Reitpferd, und auch als Dressur- und Schaupferd konnte es schon Erfolge erzielen. Weltweit ist die Rasse noch wenig bekannt und relativ selten.

HERKUNFT: Spanien
BLUT: Vollblut
STOCKMASS: bis 163 cm
FARBE: Brauner, Schimmel, Fuchs
LEBENSRAUM: warmgemäßigte Klimazone
EIGNUNG: Reitpferd
CHARAKTER: grundsätzlich gut, kann launisch sein
MERKMALE: edler Kopf, meist mit geradem Profil, eleganter leicht geschwungener Hals, breite tiefe Brust, schräge Schulter, gerader Rücken, muskulöse Hinterhand, gut angesetzter Schweif

LUSITANO

Der Lusitano ist in vielerlei Hinsicht das portugiesische Äquivalent des spanischen Andalusiers, zwischen den Rassen bestehen nur leichte Unterschiede. Beide haben sich aus einer Mischung von Sorraia und Berber entwickelt. Im Andalusier fließt jedoch, wie sich an seiner Kopfform zeigt, auch Araberblut, während der Lusitano reinrassiger ist. Ursprünglich wurde er als Kavallerie- und Kutschpferd gezüchtet, doch seine erstaunliche Wendigkeit macht ihn heute zu einem guten Schaupferd. Es wird auch als Reittier für die örtlichen Stierkämpfer eingesetzt und dafür in den Disziplinen der Hohen Schule trainiert. In Portugal werden die Stiere nicht getötet, was bedeutet, dass die Pferde besonders schnell, ruhig und geschickt sein müssen, um Verletzungen zu vermeiden. Lusitanos werden auch als Freizeitreitpferde eingesetzt und verrichten leichte Farmarbeiten. Der Name kommt von „Lusitania", der lateinischen Bezeichnung für Portugal.

HERKUNFT: Portugal
BLUT: Warmblut
STOCKMASS: 152–163 cm
FARBE: alle Grundfarben
LEBENSRAUM: warmgemäßigte Klimazone
EIGNUNG: Reitpferd, Fahrpferd
CHARAKTER: intelligent, sensibel, umgänglich
MERKMALE: hübscher Kopf, kurzer geschwungener Hals, kräftige steile Schulter, breite Brust, kompakter Rücken, muskulöse Hinterhand, lange Beine

SCHWERE PFERDE

KLADRUBER

HERKUNFT: ehemalige Tschechoslowakei
BLUT: Kaltblut
STOCKMASS: 165–173 cm
FARBE: Schimmel, Rappe
LEBENSRAUM: gemäßigte Klimazone
EIGNUNG: Fahrpferd
CHARAKTER: ruhig, gutmütig
MERKMALE: langer Kopf mit konvexem Profil, muskulöser geschwungener Hals, schräge Schulter, tiefe Brust, langer Rücken, muskulöse Hinterhand, dichtes Mähnen- und Schweifhaar

Vom 15. bis 17. Jahrhundert züchtete das Hofgestüt Kladrub ein Pferd, das in erster Linie das ideale Kutschpferd werden sollte. Die neue Rasse wurde nach dem Gestüt benannt. Sie basierte wahrscheinlich auf einer Kreuzung aus Neapolitanern und Andalusiern, doch ganz sicher ist dies nicht, da 1757 alle Zuchtunterlagen bei einem Brand zerstört wurden. Ursprünglich waren alle Farben zugelassen, sogar Palomino und Appaloosa, doch später schränkte man die Rasse auf Schimmel und Rappen ein. Unglücklicherweise starb die Rappzuchtherde in den 1930er-Jahren beinahe aus, da viele Tiere wegen ihres Fleisches verkauft wurden. Einige konnten jedoch gerettet werden, und so wurde die Rapplinie 1945 im Gestüt Slatinany in der Nähe von Kladrub mit Kladruber-Stuten und Friesen- und Lipizzaner-Hengsten wiederbelebt. Kladruber werden sehr erfolgreich bei Trabrennen eingesetzt.

MURAKÖZER

Das Muraközer Pferd wurde im 19. und 20. Jahrhundert in Südungarn in der Region um den Fluss Mura entwickelt. Einheimische ungarische Stuten wurden mit Percheron-, Ardenner- und Noriker-Hengsten gekreuzt. Später fügte man Araberblut zu, um das Exterieur zu veredeln. Die Pferde sind kräftig und schnell sowie zuverlässig und sparsam in der Haltung. Diese Eigenschaften machten sie als Arbeitspferde in der Landwirtschaft und vor dem Ersten Weltkrieg als Kavalleriepferde beliebt. Zwischen den Weltkriegen stieg die landwirtschaftliche Produktion, und man züchtete eine größere Zahl von Muraközis. Doch im Zweiten Weltkrieg gingen viele zugrunde, und nach dem Krieg sank die Nachfrage aufgrund der zunehmenden landwirtschaftlichen Mechanisierung. Die Tiere werden heute jedoch in Mittel- und Osteuropa immer noch für landwirtschaftliche Arbeiten eingesetzt.

HERKUNFT: Ungarn
BLUT: Kaltblut
STOCKMASS: um 163 cm
FARBE: Fuchs mit flachsfarbenem Mähnen- und Schweifhaar, Brauner, Rappe, Schimmel
LEBENSRAUM: gemäßigte Klimazone
EIGNUNG: Zugpferd
CHARAKTER: grundsätzlich gutmütig
MERKMALE: schlichter Kopf auf kurzem muskulösem Hals, kräftige Schulter, kompakter Körper, kurze kräftige Beine, geringer Kötenbehang

WLADIMIRER KALTBLUT

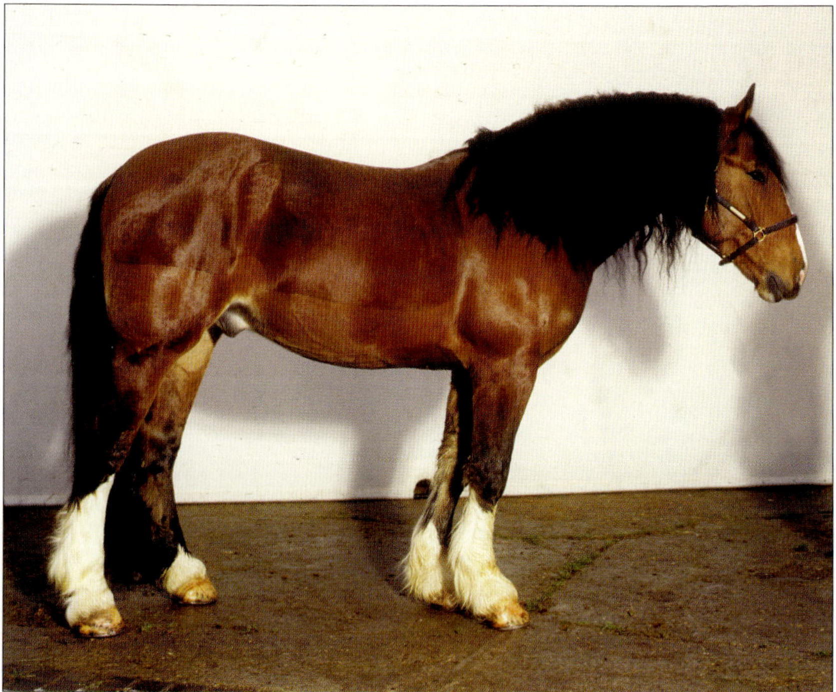

HERKUNFT: Russland
BLUT: Kaltblut
STOCKMASS: bis 165 cm
FARBE: alle Grundfarben, aber meistens Brauner
LEBENSRAUM: kaltgemäßigte Klimazone
EIGNUNG: Zugpferd, Fahrpferd
CHARAKTER: sanft, fügsam
MERKMALE: großer Kopf mit konvexem oder geradem Profil, wohlproportionierter muskulöser Hals, kräftige Schulter, langer Rücken, kurze Beine, starker Kötenbehang

Das Wladimirer Kaltblut wurde im späten 19. Jahrhundert in den russischen Provinzen Wladimir und Iwanow entwickelt, aber erst 1946 offiziell als Rasse anerkannt. Es entstand durch die Kreuzung von einheimischen Stuten mit Clydesdale- und Shire-Hengsten, später wurden Cleveland Bay, Percheron und Suffolk Punch zugefügt. Nach 1925 züchtete man ohne Fremdblut, doch gegen Ende des 20. Jahrhunderts war der Bestand so stark zurückgegangen, dass die Rasse vom Aussterben bedroht war. Deshalb wurde wieder auf Clydesdale und Shire zurückgegriffen, um die Zucht aufzubauen. Das Wladimirer Kaltblut ist ein beeindruckendes Pferd, das schwere Lasten schnell befördern kann. Es ist zudem bekannt für seine hochbeinige und fließende Trabaktion und wirkt als Fahrpferd – zum Beispiel beim Ziehen der traditionellen russischen Troika – ausgesprochen elegant.

NORIKER

Der Noriker ist nach der römischen Provinz Noricum benannt, die im Wesentlichen dem heutigen Staatsgebiet Österreichs entspricht. Er entwickelte sich möglicherweise aus einer Zucht schwerer Kriegspferde aus dem Salzburger Land. Die Rasse lässt sich bis 600 v. Chr. zurückverfolgen, sie wurde aber erst im 16. Jahrhundert anerkannt, als sie in Klostergestüten gezüchtet wurde und im vom Fürsterzbischof gegründeten Salzburger Stutbuch erschien. Zu dieser Zeit wurden die Pferde sowohl zu zeremoniellen Anlässen als auch auf den Feldern der Alpenbauern eingesetzt. Die harten Umweltbedingungen dort machten die Tiere zäh, wetterfest und trittsicher. Heute werden Noriker immer noch als Arbeitspferde geschätzt. Sie haben einen ausgezeichneten Charakter und sind sehr arbeitswillig. Die Zuchtstandards werden durch strikte Kontrollen gewahrt.

HERKUNFT: Österreich
BLUT: Kaltblut
STOCKMASS: 155–173 cm
FARBE: Fuchs mit flachsfarbenem Mähnen- und Schweifhaar, alle Grundfarben, Schecken
LEBENSRAUM: gemäßigt, Gebirge
EIGNUNG: leichtes Zugpferd
CHARAKTER: umgänglich, freundlich
MERKMALE: hübscher, manchmal etwas schwerer Kopf, kräftige Schulter, tiefe Brust, rundlicher Körper, kräftige Beine mit Kötenbehang

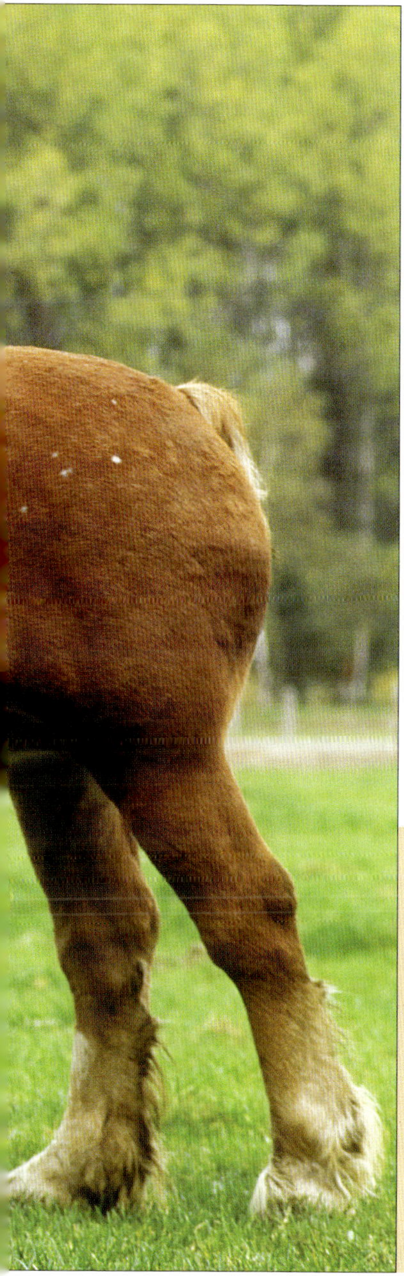

BRABANTER

Der Brabanter ist auch unter den Namen Belgier oder Belgisches Kaltblut bekannt. Es handelt sich um eine sehr alte Rasse, die möglicherweise direkt vom ausgestorbenen Waldpferd abstammt. Sie weist eine besonders reine Blutlinie auf, da die belgischen Züchter keine fremden Rassen ins Zuchtprogramm aufnahmen. Es gab ursprünglich drei Hauptlinien: die vom Stammhengst „Jean I." begründete Linie „Colosses de la Mehaique", die Linie „Gris du Hainaut" von Stammhengst „Bayard" und die Linie „Gros de la Dendre", die auf den Hengst „Orange I." zurückgeht. Zu Anfang des 20. Jahrhunderts bestanden zwischen den Linien aber keine Unterschiede mehr. Der Brabanter ist eines der schwersten Zugpferde überhaupt. Er ist unglaublich stark, zugleich aber fügsam und freundlich. Die Pferde waren vor Beginn der Motorisierung sehr beliebte Arbeitstiere. Heute sind sie vor allem in den USA populär.

HERKUNFT: Belgien
BLUT: Kaltblut
STOCKMASS: 165–173 cm
FARBE: meist Rotschimmel, aber auch Fuchs oder Brauner möglich
LEBENSRAUM: gemäßigt, Ackerland
EIGNUNG: schweres Zugpferd
CHARAKTER: umgänglich, freundlich
MERKMALE: kleiner Kopf auf muskulösem Hals, sehr kräftige Schulter, stämmiger kompakter Körper, muskulöse Hinterhand, kurze Beine mit etwas Fesselbehang

SCIENCE

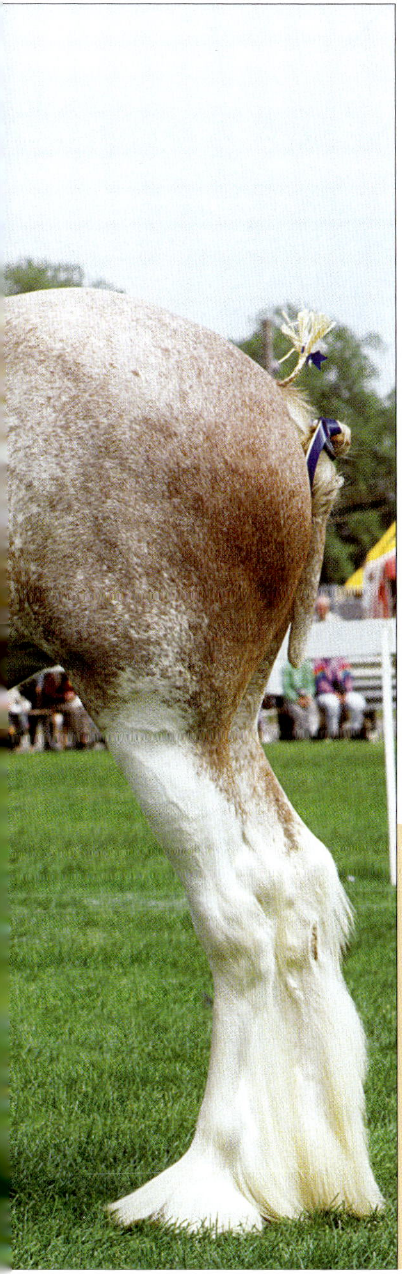

CLYDESDALE

Der Zuchtverband des Clydesdale wurde 1877 gegründet und machte den Clydesdale zum ersten Zugpferd mit eigenem Verband. Die Rasse entstand im frühen 18. Jahrhundert im schottischen Clyde-Tal, wo der sechste Duke of Hamilton aus Flandern importierte Hengste mit einheimischen Stuten kreuzte, um Größe und Gewicht des örtlichen Zugpferdes zu erhöhen. Shire-Pferde wurden ebenfalls im Zuchtprogramm eingesetzt und zwar in einem solchen Maße, dass Shire und Clydesdale teilweise als zwei Linien ein und derselben Rasse angesehen wurden. Clydesdales wurden in der Landwirtschaft und als Zugpferde im Bergbau eingesetzt. Ihre Zahl sank jedoch mit der zunehmenden Motorisierung. Heute sind die Pferde als Schaupferde beliebt und werden zum Vergnügen gehalten. Mit ihnen ging auch die Wiederbelebung alter Handwerke wie Geschirrmacher und Hufschmied einher

Herkunft: Großbritannien
Blut: Kaltblut
Stockmass: 163–183 cm
Farbe: vorwiegend Braune, manchmal Schimmel oder Rappen, häufig weiße Abzeichen
Lebensraum: gemäßigt, Ackerland
Eignung: Zugpferd, Fahrpferd
Charakter: umgänglich, zutraulich
Merkmale: hübscher Kopf mit breiter Stirn und geradem Profil, geschwungener Hals, leicht schräge Schulter, kompakter Körper, muskulöse Hinterhand, kräftige Beine, starker Kötenbehang

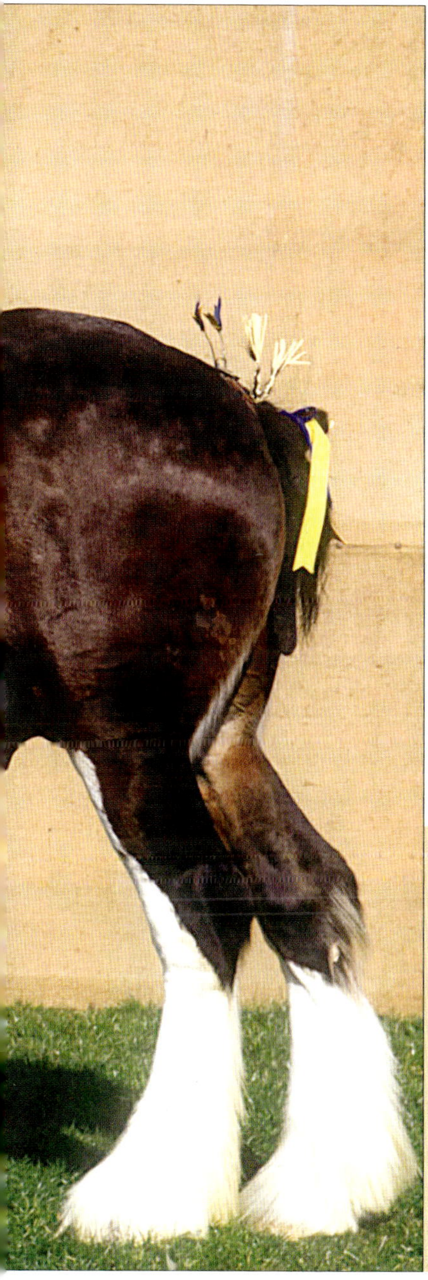

SHIRE

Shire bedeutet „Grafschaft", und das Shire-Pferd ist nach den englischen Grafschaften der Midlands benannt: Lincolnshire, Leicestershire, Staffordshire und Derbyshire. Wilhelm der Eroberer hatte im Zuge der normannischen Eroberung im Mittelalter das sogenannte „Große Pferd" nach England gebracht. Dort wurde es mit flandrischen, belgischen und friesischen Hengsten gekreuzt. Zunächst bestand die Rasse nur aus Rappen, sodass Oliver Cromwell sie English Black nannte. Später kamen andere Farben dazu, und Shire wurde der anerkannte Name. Die Pferde sind sehr stämmig, aber sanft und leicht lenkbar. Sie besitzen große Zugkraft und wurden früher vorwiegend in der Landwirtschaft eingesetzt. Auch heute ist die Rasse noch ausgesprochen beliebt, was zum Teil den Brauereien zu verdanken ist, die sie in den Städten als werbeträchtiges Zugpferd für ihre Auslieferungen verwenden.

HERKUNFT: Großbritannien
BLUT: Kaltblut
STOCKMASS: über 173 cm
FARBE: Fuchs, Schimmel, Brauner, oft mit weißen Abzeichen
LEBENSRAUM: gemäßigt, Ackerland
EIGNUNG: schweres Zugpferd
CHARAKTER: sanftmütig
MERKMALE: hübscher Kopf, oft mit konvexem Profil, langer leicht geschwungener Hals, kräftige schräge Schulter, runde muskulöse Kruppe, lange Beine mit starkem Behang

SUFFOLK PUNCH

HERKUNFT: Großbritannien
BLUT: Kaltblut
STOCKMASS: um 165 cm, aber auch über 173 cm möglich
FARBE: Fuchs
LEBENSRAUM: kaltgemäßigte Klimazone
EIGNUNG: schweres Zugpferd
CHARAKTER: umgänglich, fügsam
MERKMALE: großer Kopf mit breiter Stirn, dicker kräftiger Hals, schräge Schulter, tiefe Brust, kräftige Hinterhand, recht kurze Beine mit wenig Behang

Den Suffolk Punch gibt es nur als Fuchs, wobei sieben verschiedene Farbtöne anerkannt sind: Rot-, Gold-, Kupfer-, Gelb-, Hell-, Dunkel- und Leberfuchs. Die Rasse kann die reinste Blutlinie aller britischen Kaltblüter vorweisen, denn alle registrierten Tiere lassen sich von der väterlichen Line her auf einen Stammhengst zurückführen: „Crisp's Horse of Ufford", der 1768 geboren wurde. Suffolk-Punch-Pferde sind recht klein und haben im Gegensatz zu ihren Landesgenossen Clydesdale und Shire wenig Kötenbehang, was auf dem schweren Lehmboden ihrer Herkunftsregion East Anglia von Vorteil ist. Obwohl die Pferde kräftig und arbeitsam sind, waren sie außerhalb ihrer Heimat kaum bekannt, und der Bestand sank nach dem Zweiten Weltkrieg drastisch. Zurzeit steigen die Zahlen wieder, die Rasse ist jedoch immer noch vom Aussterben bedroht.

JÜTLÄNDER

Das Kaltblut Jütländer wird in Dänemark schon mindestens seit dem 12. Jahrhundert gezüchtet und geht möglicherweise auf die Wikinger zurück, die ihn angeblich nach England brachten, wo er der Vorfahre des Suffolk Punch wurde. 1860 wiederum wurde der Suffolk-Punch-Hengst „Oppenheim LXII." nach Dänemark importiert und ins Zuchtprogramm eingeführt. Cleveland Bay und Yorkshire Coach Horse wurden wahrscheinlich ebenfalls eingekreuzt. Der Jütländer hatte seinerseits wiederum einen maßgeblichen Anteil an der Entwicklung des Schleswiger. Früher setzte man Jütländer in der Landwirtschaft sowie als Kriegspferde ein, da sie stark und schwer genug waren, um Ritter in voller Rüstung zu tragen. Heute werden sie eher selten geritten, sondern vorwiegend als Brauereipferde verwendet sowie auf Pferdeschauen und Festivals präsentiert.

HERKUNFT: Dänemark
BLUT: Kaltblut
STOCKMASS: 152–163 cm
FARBE: Fuchs, manchmal flachsfarbenes Mähnen- und Schweifhaar, aber auch Braune und Rappen
LEBENSRAUM: gemäßigt, Ackerland
EIGNUNG: Zugpferd
CHARAKTER: grundsätzlich ruhig, fügsam
MERKMALE: schlichter schwerer Kopf, steile muskulöse Schulter, kompakter Körper, kurzer Rücken, kurze stämmige Beine mit schwerem Behang

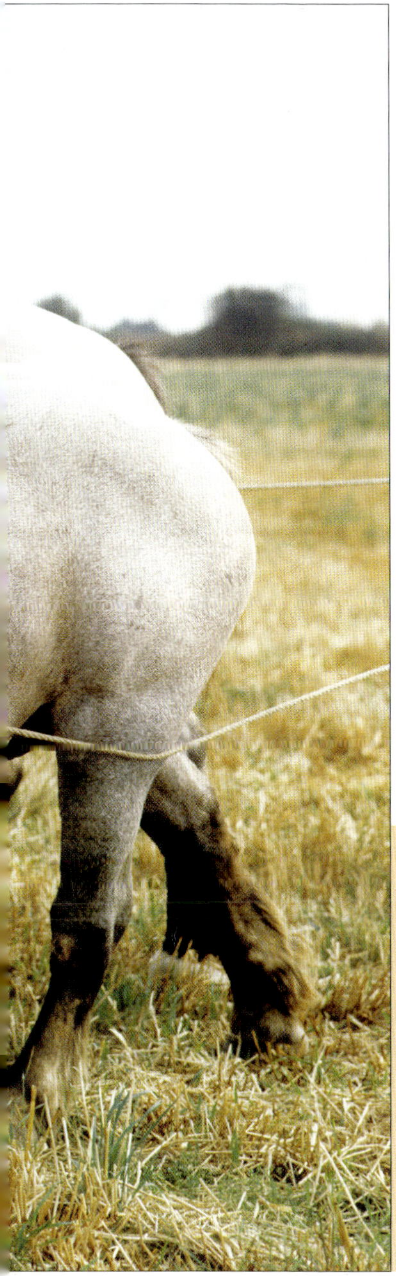

ARDENNER

Der Ardenner stammt aus der Bergregion der Ardennen in Nordfrankreich und Belgien und ist eine der ältesten Kaltblutrassen überhaupt. Schon Julius Cäsar beschreibt die Pferde in seinen Berichten über die Eroberung Galliens als „robust, hart und unermüdlich" und empfiehlt sie für militärische Zwecke. Später benutzte Napoleon sie zum Transport von schwerer Artillerie und Vorräten, und auch im Ersten und Zweiten Weltkrieg wurden sie dafür eingesetzt. Ansonsten verwendete man die Tiere vor allem in der Landwirtschaft, da das Leben im Gebirge sie zäh und sparsam in der Haltung gemacht hatte. Heute gibt es in Frankreich, Belgien, Luxemburg, Schweden und Großbritannien Stutbücher, die jeweils die Pferde der anderen Länder untereinander akzeptieren. In den meisten Regionen werden Ardenner noch landwirtschaftlich eingesetzt, in manchen Ländern züchtet man sie aber auch wegen ihres Fleisches.

Herkunft: Frankreich
Blut: Kaltblut
Stockmass: bis 165 cm
Farbe: meist Rotschimmel, aber auch Brauner, Fuchs, Schimmel und Palomino, keine Rappen
Lebensraum: gemäßigt, Gebirge
Eignung: schweres Zugpferd, Fleischlieferant
Charakter: sanft, willig
Merkmale: großer wohlgeformter Kopf auf gedrungenem Hals, schräge Schulter, kompakter Körper, kurzer Rücken, kurze stämmige Beine mit dichtem Kötenbehang

AUXOIS

Herkunft: Frankreich
Blut: Kaltblut
Stockmass: meist 166 cm und größer
Farbe: Brauner, Rotschimmel, Fuchs
Lebensraum: gemäßigt, Ackerland
Eignung: Fahrpferd, leichtes Zugpferd, Milch- und Fleischlieferant
Charakter: umgänglich, sanft
Merkmale: recht kleiner Kopf mit breiter Stirn, gedrungener Hals, schräge Schulter, breite tiefe Brust, kurzer breiter Rücken, schlanke kräftige Beine

Der Auxois ist eng mit dem Ardenner verwandt, aber größer als dieser und hat weniger Kötenbehang. Die Tiere sind ausdauernd und sehr zugkräftig sowie recht schnell und besitzen einen frei fließenden Gang. Vom Wesen her sind sie freundlich, ruhig und fügsam. Meist kommen Braune oder Rotschimmel vor, seltener Füchse – weiße Abzeichen werden nicht akzeptiert. Die Rasse enthält Boulonnais und Percheron, doch seit dem frühen 20. Jahrhundert wurden nur noch Ardenner als Fremdrasse in der Zucht zugelassen. Der Auxois wurde nie in großen Mengen gezüchtet und ist auch heute noch eher selten. Im Nordwesten Frankreichs, in der Loire-Region und an der Côte d'Or, setzt man es im Forstbetrieb, auf den Weinbergen und als Zugpferd für Touristenkarawanen ein. Manchmal wird es auch gezielt als Milch- und Fleischlieferant gezüchtet.

BOULONNAIS

Der Boulonnais wurde zwar erst im 17. Jahrhundert offiziell als Rasse anerkannt, existiert aber schon viel länger und stammt möglicherweise von Kaltblütern aus vorchristlicher Zeit ab, die mit von der römischen Armee Julius Cäsars ins Land gebrachten numidischen Pferden gekreuzt wurden. Zur Zeit der Kreuzzüge und der spanischen Besetzung kamen noch orientalisches und Andalusier-Blut hinzu, wodurch das Pferd sein edles, elegantes Aussehen erhielt. Es wird oft als schönstes Kaltblut angesehen und zur Verfeinerung der Zucht anderer Rassen eingesetzt. Geschätzt sind seine frei fließende Aktion und seine Ausdauer. Früher zog es Karren mit frischem Fisch von der Küste nach Paris und diente als Kutschpferd. Heute ist der Bestand gesunken, obwohl die französische Regierung ein Programm zum Erhalt der Rasse unterstützt.

HERKUNFT: Frankreich
BLUT: Kaltblut
STOCKMASS: bis 173 cm
FARBE: meist Schimmel, auch Rappe und Fuchs möglich
LEBENSRAUM: kaltgemäßigte Klimazone
EIGNUNG: schweres Zugpferd
CHARAKTER: lebhaft, aber gutmütig
MERKMALE: edler Kopf mit leicht geschwungenem Hals, schräge Schulter, breite Brust, kräftige Beine mit wenig Behang, dichtes Schweifhaar

BRETONE

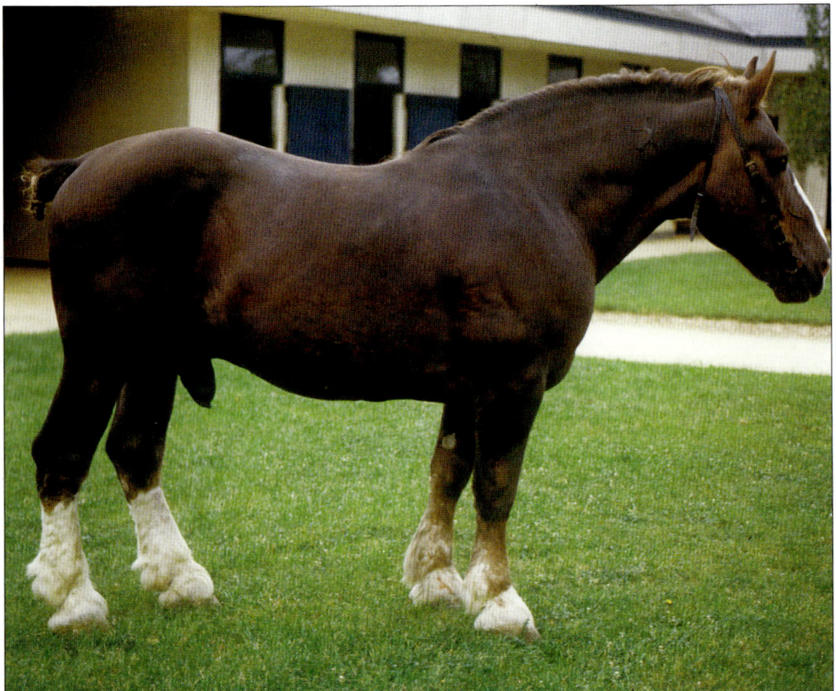

HERKUNFT: Frankreich
BLUT: Kaltblut
STOCKMASS: 152–166 cm
FARBE: Fuchs oft mit flachsblondem Mähnen- und Schweifhaar, Rotschimmel
LEBENSRAUM: gemäßigte Klimazone
EIGNUNG: Zugpferd
CHARAKTER: gutmütig, umgänglich
MERKMALE: großer Kopf mit geradem Profil, kurzer geschwungener Hals, kompakter Körper, breite muskulöse Hinterhand, kurze kräftige Beine mit sehr wenig Behang

Der Bretone kommt aus der Bretagne und stammt möglicherweise von Pferden ab, die von kriegerischen Kelten oder aus Asien eingewanderten Ariern eingeführt wurden. Ursprünglich ähnelte er dem russischen Steppenpferd. Zur Zeit der Kreuzzüge wurde er mit orientalischen Pferden gekreuzt und später mit Ardenner, Percheron, Boulonnais und Norfolk Roadster. Es gibt drei Typen: Der schwere Bretone wird an der Nordküste gezüchtet und ist für seine Kraft bekannt. Der Corlay entstand aus Kreuzungen mit Arabern und Vollblütern und ähnelt dem antiken Pferd. Der Postier-Bretone enthält Blut vom Norfolk Trotter und vom Hackney. Er wurde früher als Artilleriepferd verwendet und ist ein gutes Kutschpferd. Bretonen sind die häufigsten Zugpferde in Frankreich und werden heute auf kleinen Bauernhöfen und beim Sammeln von Meeresalgen eingesetzt.

COMTOIS

Der Comtois ist eine alte Rasse, die womöglich schon seit dem 4. Jahrhundert in den französischen Regionen Franche Compté und im Jura an der Grenze zur Schweiz existiert. Wahrscheinlich wurden die Tiere von den aus Norddeutschland eingewanderten Burgundern mitgebracht. Im 16. Jahrhundert verfeinerte man mit ihnen die Pferde des Burgund. Unter Ludwig XIV. und Napoleon wurden sie beim Militär als Kavallerie- und Artilleriepferde verwendet. Im 19. Jahrhundert kreuzte man sie mit Normannischem Cob, Boulonnais und Percheron und später mit Ardennern, wodurch sie mehr Kraft bekamen. Der Comtois ist bekannt für seine Ausdauer und Ausgeglichenheit und wird auch heute noch in den hügeligen Weinbergen des Arbois eingesetzt sowie um im Gebirge Holz zu transportieren. Er ist, nach dem Bretonen, das zweithäufigste Zugpferd Frankreichs.

HERKUNFT: Frankreich
BLUT: Kaltblut
STOCKMASS: 142–155 cm
FARBE: alle Fuchsfarben mit flachsblondem Mähnen- und Schweifhaar
LEBENSRAUM: gemäßigte Klimazone
EIGNUNG: Zugpferd
CHARAKTER: umgänglich, willig
MERKMALE: großer Kopf mit geradem Profil, kurzer muskulöser Hals, breite tiefe Brust, rundlicher Körper, kräftige Hinterhand, kräftige Beine mit sehr wenig Behang

PERCHERON

Die genaue Herkunft des Percheron ist nicht bekannt, eine Theorie besagt jedoch, dass die Tiere von Arabern abstammen, die im 8. Jahrhundert in der nordfranzösischen Region La Perche von den Mauren ausgesetzt und mit flandrischen Pferden gekreuzt wurden. Zur Zeit der Kreuzzüge schätzte man Percherons bereits als elegante, ruhige und sehr robuste Kriegspferde. Im 17. Jahrhundert wurden sie traditionell dafür eingesetzt, die schweren Postkutschen durchs Land zu ziehen, und fanden zudem in der Landwirtschaft Verwendung. Später importierte die französische Regierung zwei Araberhengste, um sie mit Percherons zu kreuzen und Armeepferde zu entwickeln. Daraus entstand 1823 der berühmteste Percheron-Hengst, „Jean le Blanc". Heute setzt man die Tiere in Städten als Kutschpferde und auf kleinen Bauernhöfen als Zugpferde ein. Sie nehmen auch häufig an Trabrennen teil.

Herkunft: Frankreich
Blut: Kaltblut
Stockmass: 146–164 cm, kann 175 cm erreichen
Farbe: Schimmel, Rappe
Lebensraum: kaltgemäßigte Klimazone
Eignung: Zugpferd, Fahrpferd, Reitpferd
Charakter: ausgeglichen
Merkmale: edler Kopf auf langem Hals, tiefe breite Brust, kurzer kräftiger Rücken, muskulöse Hinterhand, kurze kräftige Beine mit sehr wenig Behang

NORMANNISCHER COB

Herkunft: Frankreich
Blut: Warmblut
Stockmass: 156–166 cm
Farbe: Fuchs, Brauner
Lebensraum: kaltgemäßigte Klimazone
Eignung: leichtes Zugpferd, Fahrpferd
Charakter: umgänglich, sanft, aber lebhaft
Merkmale: schlichter Kopf auf kurzem muskulösem Hals, gute Schulter, breite tiefe Brust, kurzer kompakter Rücken, kräftige Beine

Obwohl die Normandie schon seit dem 10. Jahrhundert für ihre Pferdezuchten bekannt ist, gibt es den Normannischen Cob erst seit dem 19. Jahrhundert. Er wurde – hauptsächlich von den Gestüten Saint-Lô und Le Pin – in erster Linie als Armeepferd gezüchtet. Die Zucht brachte zwei Linien hervor: Der leichtere Typus enthält Blut von Vollblut und Norfolk Roadster und wurde als Reitpferd verwendet. Den stämmigeren schwereren Typus setzte man als leichtes Zugpferd in der Landwirtschaft ein. Traditionell wird der Schweif kupiert, kann jedoch heute auch geflochten und hochgebunden werden. Der schwere Typus kommt heute häufiger vor und verrichtet vor allem in der Region La Manche noch landwirtschaftliche Arbeiten. Obwohl sich die Rasse gut etabliert hat, besitzt sie kein offizielles Stutbuch.

2+ √

POITEVIN

Der Poitevin, auch Mulassier genannt, ist außerhalb Frankreichs nur wenig bekannt. Er kommt aus der Region Poitou im Südwesten des Landes und soll von schweren Pferden abstammen, die im 17. Jahrhundert aus Norwegen, Dänemark und den Niederlanden importiert wurden, um Sumpfgebiete trockenzulegen. Die Tiere sind zwar kräftig, aber lethargisch und als Arbeitstiere nicht besonders geeignet. Kreuzt man sie jedoch mit Baudet-de-Poitou-Eseln, so entstehen hervorragende, besonders große und starke Maultiere, die einst in ganz Europa geschätzt wurden. Nach dem Zweiten Weltkrieg ging der Bedarf an Maultieren stark zurück, und der Poitevin war vom Aussterben bedroht. Ein Wiederaufleben des Interesses an Maultieren als Arbeitstieren hat in jüngster Zeit aber dazu geführt, dass man nun auch den Poitevin zu bewahren versucht.

Herkunft: Frankreich
Blut: Kaltblut
Stockmass: 162–166 cm
Farbe: Falbe, Schimmel, Brauner, Rappe
Lebensraum: gemäßigte Klimazone
Eignung: Zugpferd, Maultierzucht
Charakter: grundsätzlich gutmütig
Merkmale: derber schwerer Kopf auf kurzem muskulösem Hals, steile Schulter, langer gerader Rücken, kurze Beine mit starkem Behang

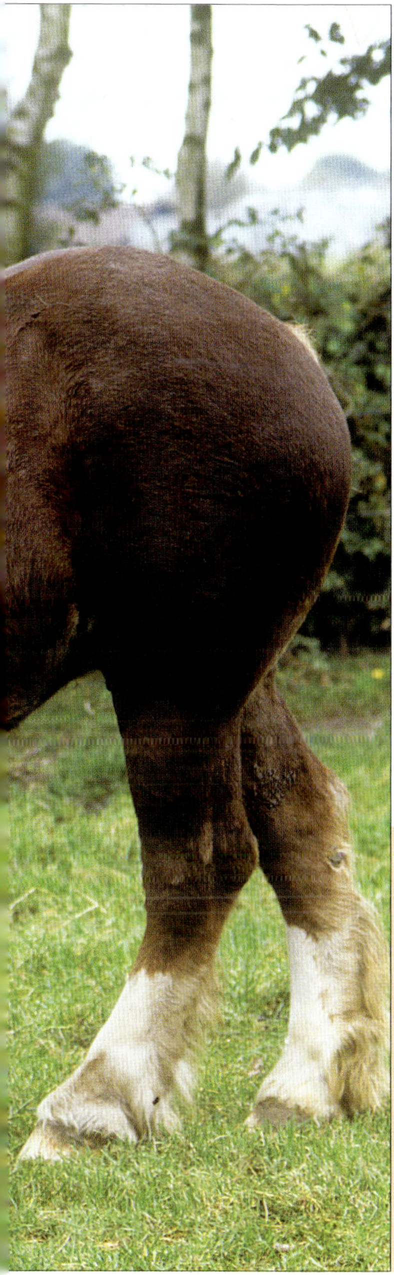

RHEINISCHES KALTBLUT

Das Rheinische Kaltblut wurde in der zweiten Hälfte des 19. Jahrhunderts entwickelt. Als Zuchtbasis verwendete man Belgisches Kaltblut und Ardenner unter Zumischung von britischem Clydesdale und französischem Percheron und Boulonnais. Rheinische Kaltblüter waren attraktive, kräftige und zuverlässige Pferde, die man gerne als Zugpferde und Arbeitstiere in der Landwirtschaft einsetzte und die eine Zeit lang zu den am häufigsten vorkommenden Arbeitspferden in ganz Deutschland zählten. Nach dem Zweiten Weltkrieg sank der Bestand jedoch drastisch, da kein Bedarf mehr an schweren Zugpferden bestand. Heute ist die Rasse selten und besitzt kein offizielles Stutbuch mehr. Züchter haben sich stattdessen darauf konzentriert, eine Warmblutversion zu entwickeln – das Rheinische Warmblut.

Herkunft: Deutschland
Blut: Kaltblut
Stockmass: 163–173 cm
Farbe: Fuchs, Rotschimmel, Brauner
Lebensraum: kaltgemäßigte Klimazone
Eignung: schweres Zugpferd
Charakter: umgänglich
Merkmale: kleiner wohlgeformter Kopf, kräftiger geschwungener Hals, massige Schulter und Hinterhand, kurzer breiter Rücken, kurze Beine mit etwas Kötenbehang

SCHLESWIGER

Herkunft: Deutschland
Blut: Kaltblut
Stockmass: bis 165 cm
Farbe: Fuchs mit flachsblondem Mähnen- und Schweifhaar
Lebensraum: kaltgemäßigte Klimazone
Eignung: Zugpferd
Charakter: gutmütig, umgänglich
Merkmale: hübscher Kopf auf kurzem muskulösem Hals, kräftige Schulter, breite tiefe Brust, langer Körper, runde Kruppe, kurze Beine mit starkem Behang

Der Schleswiger ist nach Schleswig-Holstein benannt, seiner Heimat. Die Rasse wurde Ende des 19. Jahrhunderts vom neu formierten Verband Schleswiger Pferdezuchtvereine unter Verwendung von Jütländer und Suffolk Punch entwickelt. Die meisten Tiere lassen sich auf den Suffolk-Punch-Hengst „Munkedal" zurückführen, einem Sohn von „Oppenheim LXII.", der 1860 importiert wurde, um die Rasse der Jütländer zu verbessern. Zu Anfang des 20. Jahrhunderts setzte man Schleswiger in der Landwirtschaft ein, ließ sie Holz transportieren und verwendete sie beim Militär als Artilleriepferde. Nach dem Zweiten Weltkrieg sank der Bestand, und in den 1960er-Jahren wurden die Pferde auf die Liste der vom Aussterben bedrohten Rassen gesetzt. Der ursprüngliche Verband löste sich 1991 auf, und es wurde ein neuer gegründet, dessen Ziel es ist, die Rasse zu erhalten.

NIEDERLÄNDISCHES KALTBLUT

Das Niederländische Kaltblut gehört zu den jüngeren Rassen. Es wurde nach dem Ersten Weltkrieg in Holland entwickelt, indem man holländische Stuten mit Brabantern kreuzte und möglicherweise Blut von belgischen Ardennern zufügte. Die Pferde sind wahre Kraftpakete und können sehr schwere Lasten über einen längeren Zeitraum hinweg ziehen, ohne zu ermüden. Obwohl sie sich eher gemächlich fortbewegen, können sie bei Bedarf erstaunlich flink sein. Vom Wesen her sind sie sanft und fügsam und sparsam in der Haltung. Der schwere küstennahe Lehmboden ihrer Heimat würde anderen Pferden zu schaffen machen, stellt für sie aber kein Problem dar. Niederländische Kaltblüter wurden als schwere Zugpferde und in der Landwirtschaft eingesetzt und waren früher sehr beliebt, doch wie viele andere schwere Kaltblüter sind sie heute nur noch selten anzutreffen.

HERKUNFT: Niederlande
BLUT: Kaltblut
STOCKMASS: um 165 cm
FARBE: Fuchs, Brauner, Schimmel, manchmal Rappe
LEBENSRAUM: kaltgemäßigte Klimazone
EIGNUNG: Zugpferd, Arbeitspferd in der Landwirtschaft
CHARAKTER: willig, gutmütig
MERKMALE: mittelgroßer Kopf mit geradem Profil, kurzer Hals, sehr muskulöse Schulter und Hinterhand, breiter kräftiger Rücken, stabile Beine

IRISH DRAUGHT

Das Irish Draught ist ein echter Allrounder und wurde früher als landwirtschaftliches Arbeitstier, zum Ziehen der Familienkutsche sowie als Reitpferd für Ausritte und die Jagd verwendet. Es stammt von einheimischen irischen Pferden ab, die mit dem von Wilhelm dem Eroberer ins Land gebrachten „Großen Pferd“ gekreuzt wurden. Später kamen noch Andalusier dazu, wodurch die Tiere leichter wurden als andere schwere Rassen. Das Irish Draught ist lebhaft und elegant und wird oft mit Vollblütern gekreuzt, um den Irischen Hunter zu erzeugen, eines der weltbesten Cross-Country-Rennpferde. Aufgrund seiner harten Hufe ist es auch für die Zucht von Springreitpferden geeignet. Ende des 19. Jahrhunderts – zur Zeit der Hungersnöte in Irland – war der Bestand an Irish Draughts stark dezimiert, doch heute gibt es wieder viele Tiere sowie Zuchtverbände in Großbritannien, den USA, Kanada, Australien und Neuseeland.

HERKUNFT: Irland
BLUT: Warmblut
STOCKMASS: 155–173 cm
FARBE: alle Grundfarben
LEBENSRAUM: kaltgemäßigte Klimazone
EIGNUNG: Reitpferd, Jagdpferd, leichtes Zugpferd
CHARAKTER: umgänglich, sanft
MERKMALE: hübscher Kopf auf gut aufgesetztem Hals, kräftige Schulter, muskulöser Körper und Hinterhand, gute Beine ohne Behang

NORDSCHWEDE

HERKUNFT: Schweden
BLUT: Kaltblut
STOCKMASS: 152–155 cm
FARBE: alle Grundfarben, aber häufig Fuchs, Brauner, Falbe
LEBENSRAUM: Taiga
EIGNUNG: leichtes Zugpferd, Fahrpferd, Arbeitspferd in der Forstwirtschaft
CHARAKTER: ausgeglichen, willig
MERKMALE: schwerer Ponykopf, Hals mit kurzer Mähne, schräge Schulter, langer kräftiger Rücken, kurze kräftige Beine mit etwas Behang

Der Nordschwede stammt ursprünglich vom Waldpferd ab, ein Stutbuch existiert aber erst seit 1909. Im Laufe der Jahre wurden Friese, Oldenburger und andere schwere europäische Pferde in die Zucht eingekreuzt. Dazu kam das Blut des Dölepferdes, einer auf Trabrennen spezialisierten Rasse aus Norwegen mit ähnlichem Ursprung. Nach Eröffnung des Stutbuches wurde die Zucht kontrollierter betrieben. Der Nordschwede ist bekannt für sein angenehmes Wesen, seine Langlebigkeit, seinen Mut und seine Kraft im Verhältnis zur Größe. Er ist an die harten schwedischen Winter angepasst und gegen die meisten Pferdekrankheiten resistent. Obwohl der Bestand seit Beginn der Motorisierung von Arbeitsgeräten sank, werden die Tiere heute immer noch für Waldarbeiten eingesetzt. Eine leichtere Zuchtlinie stellt den einzigen kaltblütigen Trabrenner der Welt dar.

ITALIENISCHES KALTBLUT

Das Italienische Kaltblut wurde im 19. und 20. Jahrhundert in Norditalien entwickelt. Einheimische Pferde wurden dabei mit Brabanter, Percheron und Boulonnais gekreuzt, um die italienischen Tiere zu verbessern, doch erst als Bretonen-Hengste zugefügt wurden, entstand eine akzeptable Züchtung. Der Körperbau der Tiere ist inzwischen meistens gut, obwohl die Gelenke der steilen Hinterhand oft einen offenen Winkel aufweisen und die Hufe klobig sind. Sie sind jedoch attraktiv, lebhaft und schnell – in Italien werden sie oft „Tiro Pesante Rapido" genannt, was so viel wie „schneller Kaltblüter" bedeutet. In ihrer Blütezeit waren sie die häufigste Pferderasse Italiens. Obwohl der Bestand bei Weitem nicht mehr so hoch ist, werden die Pferde auch heute noch auf kleinen Bauernhöfen eingesetzt und als Fleischlieferanten gezüchtet.

Herkunft: Italien
Blut: Kaltblut
Stockmass: 152 163 cm
Farbe: meist Fuchs mit oft flachsblondem Mähnen- und Schweifhaar, aber auch Brauner oder Rotschimmel möglich
Lebensraum: gemäßigte Klimazone
Eignung: Zugpferd, Fleischlieferant
Charakter: meist gutmütig
Merkmale: hübscher Kopf auf geschwungenem Hals, kräftige Schulter, kompakter muskulöser Körper mit kräftigem Rücken, kurze Beine, oft mit kleinen Hufen und etwas Behang

PFERDE-TYPEN

HUNTER

Hunter sind in ihrem Erscheinungsbild zwar variabel, weisen aber auch gemeinsame Merkmale auf. So sollten sie ausgeglichen sowie schnell, sprungstark und mutig sein. Als die besten Hunter gelten Mischungen aus dem Irish Draught mit Vollblut, das Kraft, Geschwindigkeit und Mut beisteuert. Auch andere Rassen, etwa der sprungstarke Cleveland Bay, können in der Mischung enthalten sein. Ausschlaggebend ist auch, wo der Hunter als Jagdreitpferd eingesetzt werden soll – flache Grasflächen, auf denen Schnelligkeit gefragt ist, verlangen zum Beispiel nach einem höheren Vollblutanteil. Auch Ausdauer ist ein Kriterium, da eine Jagd den ganzen Tag dauern kann und mehrmals pro Woche ausgeritten wird. Als Sport existiert die Jagd seit dem 15. Jahrhundert in England, die traditionelle Jagd mit Hunden wurde aber 2005 in England und Wales verboten. In Teilen von Europa und Nordamerika ist sie jedoch immer noch populär.

HERKUNFT: Großbritannien
BLUT: Warmblut
STOCKMASS: 163–173 cm
FARBE: alle Farben
LEBENSRAUM: gemäßigte Klimazone
EIGNUNG: Reitpferd
CHARAKTER: grundsätzlich gut
MERKMALE: hübscher Kopf, langer Hals, gute Schulter, breite tiefe Brust, kompakter Körper, muskulöse Beine

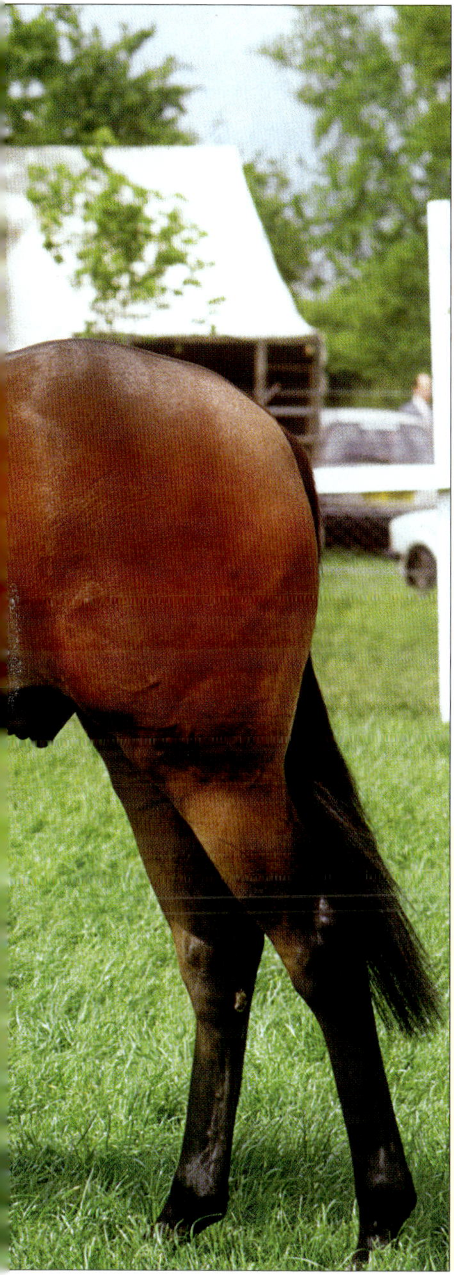

HACK

Der Hack ist ein elegantes Schaupferd, das sowohl ein attraktives Exterieur als auch eine anmutige Aktion und hervorragende Manieren präsentieren muss. Im 19. Jahrhundert gab es zwei Versionen dieses Pferdetyps: Mit Reitpferden, den „Covert Hack“ ritt man zwar zum Jagdtreffpunkt, aber nicht auf die Jagd selber. Sie mussten gut aussehen und einen geschmeidigen Gang, aber nicht sehr viel Ausdauer vorweisen. Auf Ausrittpferden, den „Park Hack“ hingegen zeigte sich die vornehme Gesellschaft an öffentlichen Orten wie etwa Rotten Row im Londoner Hyde Park. Diese Pferde mussten Ausstrahlung, gute Gänge und exzellente Manieren besitzen, da ihre Hauptaufgabe darin lag, ihre Reiter möglichst vorteilhaft aussehen zu lassen. Das heutige Äquivalent dazu ist der Show-Hack, eine Vollblut- oder Araberkreuzung, wobei zuviel Araberblut nicht erwünscht ist.

Herkunft: Großbritannien
Blut: Warm- und Vollblut
Stockmass: 142–156 cm
Farbe: alle Grundfarben
Lebensraum: gemäßigte Klimazone
Eignung: Reitpferd
Charakter: gut erzogen, ruhig
Merkmale: edler Kopf mit geradem Profil, eleganter Hals, schräge Schulter, wohlproportionierter Rücken, runde Kruppe, lange Beine unterhalb des Knies

REITPONY

Das Reitpony ist zwar im Wesentlichen eine kleinere Version des Show-Hack, hat sich aber einige Ponymerkmale bewahrt. Es wurde in Großbritannien als Schaupferd entwickelt und basiert auf einheimischen Rassen wie Welsh-Mountain, Welsh-Pony oder Dartmoor, die meistens mit kleinen Vollblütern oder Arabern gekreuzt wurden. Der Araber „Naseel" war zum Beispiel Stammhengst einer sehr erfolgreichen Linie von Reitponys. Idealerweise sollte das Pony, das erst seit Anfang des 20. Jahrhunderts gezüchtet wird, anmutig und elegant sein und die raumgreifenden freien Bewegungen des Vollblüters zeigen. Da es auf mehreren Rassen basiert, kommen verschiedene Fellfarben vor, jedoch keine Schecken. Das Reitpony ist weltweit beliebt und wird heute in mehreren Ländern gezüchtet, darunter Deutschland, Frankreich, Australien und den USA.

HERKUNFT: Großbritannien
BLUT: Warmblut
STOCKMASS: 122–145 cm
FARBE: alle Grundfarben
LEBENSRAUM: gemäßigte Klimazone
EIGNUNG: Reitpferd
CHARAKTER: umgänglich, aufmerksam
MERKMALE: wohlproportionierter Ponykopf, viel Gurtentiefe, kompakter Körper, muskulöse Hinterhand, wohlgeformte Beine

COB

Es gibt zwei Cob-Rassen, den Welsh Cob und den Normannischen Cob – aber auch einen Cob-Typus ohne feste Zuchtvorgaben. Dieser Pferdetyp ist ein echter Allrounder, der als Reit- sowie als Fahrpferd verwendet werden kann. Das Pferd ist kräftig genug, um einen ausgewachsenen Mann einen ganzen Tag lang zu tragen, und aufgrund seiner Ruhe auch als Reitpferd für Kinder geeignet. Als Schaupferde müssen Cobs im Ring Schritt, Trab, Kanter und Galopp vorführen, und ihre Mähne wird oft gestutzt, um die sportliche Halslinie zur Geltung zu bringen. Gezüchtet werden sie entweder nur aus dem Irish Draught oder aus einer Kreuzung dieser Rasse mit Welsh-Cob, Vollblut oder Cleveland Bay. Mit ihren kräftigen, stämmigen Körpern sind die Tiere eher auf Tragkraft als auf Schnelligkeit ausgerichtet, können jedoch nach einem gewissen Anlauf erstaunliche Geschwindigkeiten erreichen.

HERKUNFT: Großbritannien
BLUT: Warmblut
STOCKMASS: 152–156 cm
FARBE: alle Farben
LEBENSRAUM: gemäßigte Klimazone
EIGNUNG: Reitpferd, Fahrpferd
CHARAKTER: wohlerzogen
MERKMALE: edler Kopf auf kurzem geschwungenem Hals, breite tiefe Brust, kompakter Körper, muskulöse runde Kruppe, kurze, aber wohlgeformte Beine

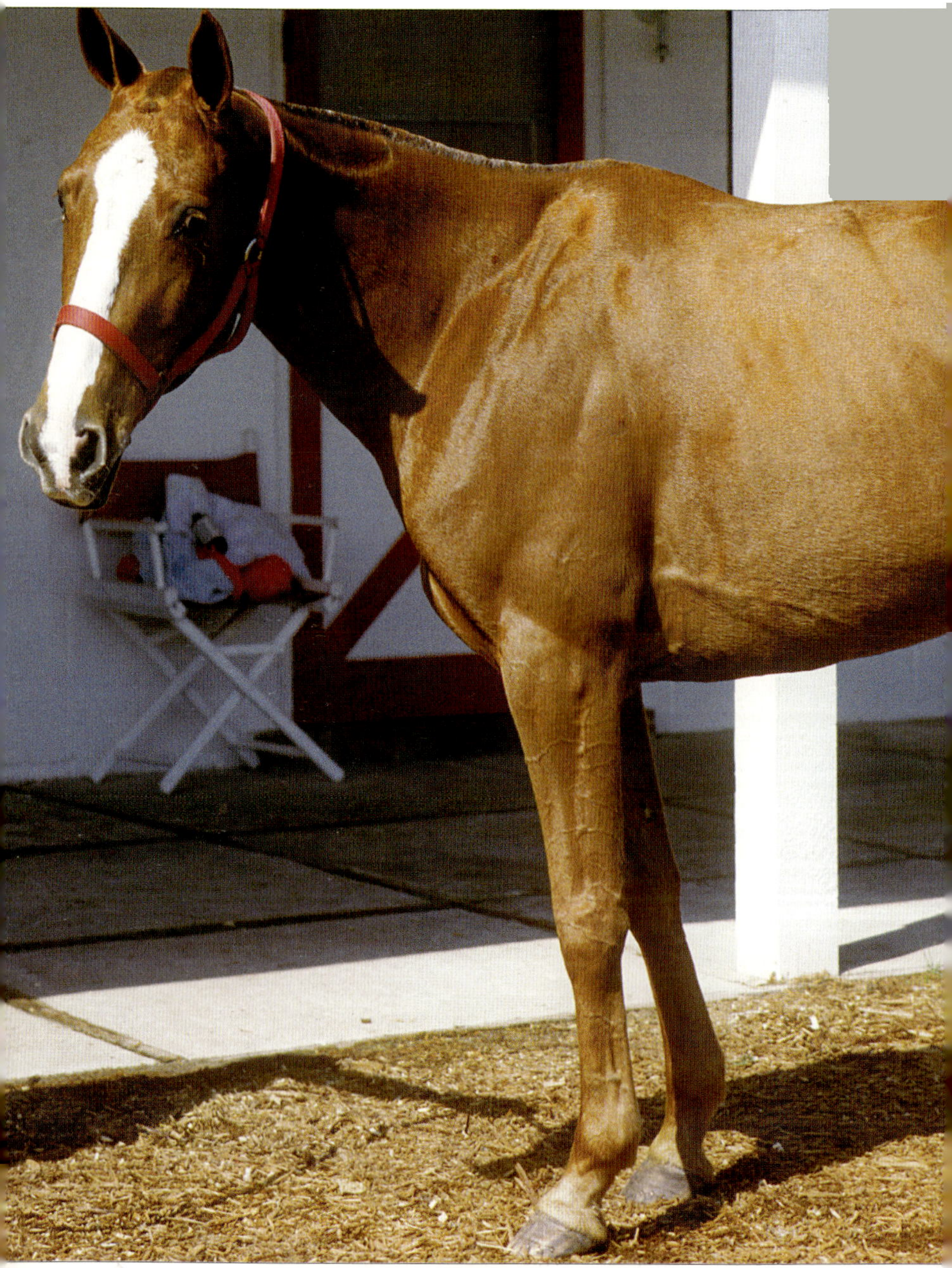

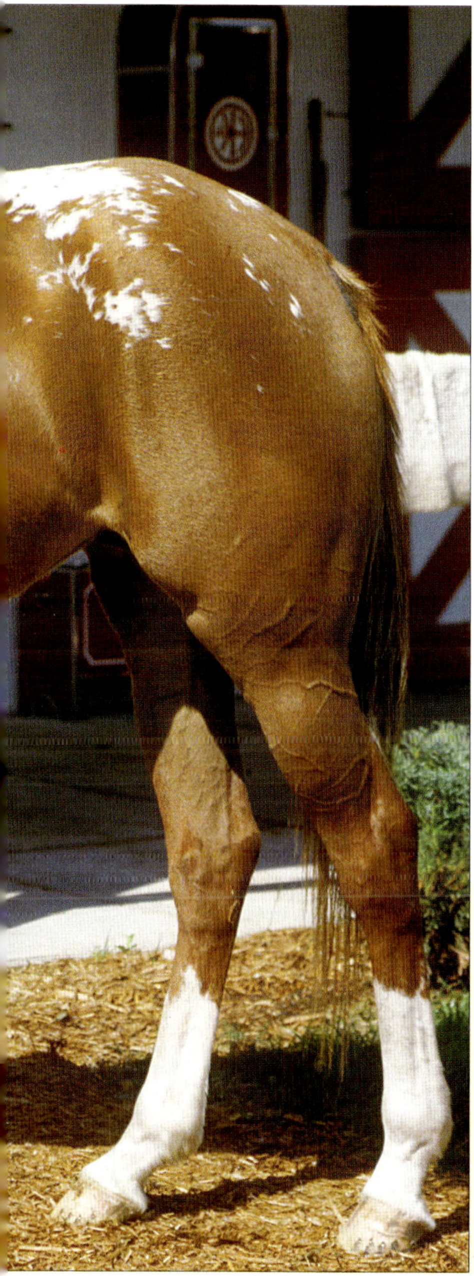

POLO-PONY

Trotz seines Namens ist das Polo-Pony kein Pony. Es wurde als Pferdetyp speziell für das Polospiel entwickelt, bei dem ein Pferd Schnelligkeit, Ausdauer, Mut, Ausgeglichenheit, Wendigkeit und ein gutes Reaktionsvermögen haben muss. Wie beim Cob wird auch beim Polo-Pony die Mähne gestutzt, damit sie nicht am Poloschläger hängen bleibt. Polo wurde vermutlich 525 v.Chr. in Persien erfunden, die Engländer lernten es aber erst im 19. Jahrhundert in Indien kennen und führten es in Europa und Amerika ein. Ursprünglich wurden die meisten Polo-Ponys in Großbritannien gezüchtet, inzwischen kommen sie aber eher aus Argentinien. Meistens basiert die Zucht auf Vollblütern, die mit dem Criollo und zunehmend auch mit dem Quarter Horse gekreuzt werden, da diese Rasse den Ruf hat, besonders gut auf Kommandos zu reagieren.

HERKUNFT: Argentinien
BLUT: Warm- oder Vollblut
STOCKMASS: um 152 cm
FARBE: alle Farben
LEBENSRAUM: gemäßigt, Grasland
EIGNUNG: Reitpferd
CHARAKTER: intelligent, mutig
MERKMALE: edler Kopf auf schlankem muskulösem Hals, drahtiger Körper, muskulöse Hinterhand, robuste gerade Beine, harte Hufe

MAULTIER

Das Maultier ist eine Kreuzung aus einer Pferdestute und einem Eselhengst; die Kreuzung von Eselstute und Pferdehengst bringt einen Maulesel hervor. Je nach eingesetzter Pferderasse haben Maultiere unterschiedliche Größen: Sie können von winzigen 90 cm bis zu stattlichen 173 cm groß werden. Aufgrund ihrer außergewöhnlichen Kraft und Ausdauer und ihres grundsätzlich ruhigen Wesens werden Maultiere als ausgezeichnete Arbeitstiere angesehen. Ihr Ruf, stur zu sein, ist in Wirklichkeit nur Ausdruck von Intelligenz, denn ein Maultier weiß, wann es genug getan hat, und wird sich dann klugerweise weigern, weiterzuarbeiten. Sowohl Maultiere als auch Maulesel sind in der Regel unfruchtbar, sodass ihre Vermehrung nur durch die ständige Kreuzung von Pferden und Eseln stattfindet. Das in der Maultierzucht am meisten geschätzte Pferd ist der Poitevin, mit dem besonders schöne, große und arbeitsame Maultiere gezüchtet werden können.

HERKUNFT: fast alle Länder, Schwerpunkt Nordamerika
STOCKMASS: bis 173 cm
FARBE: alle Farben außer echtem Pinto
LEBENSRAUM: jeder
EIGNUNG: Zugpferd, Fahrpferd, Reitpferd
CHARAKTER: geduldig, intelligent
MERKMALE: variabel, meistens Eselskopf mit recht langen Ohren, Stehmähne, stämmiger Körper, langer Schweif

GLOSSAR

Aalstrich: durchgängiger schwarzer, brauner oder falbfarbener Strich, der vom Genick bis zum Schweif reicht

Abteilung: Gruppe von Reitschülern

Abzeichen: weiße Färbung im Fell von verschiedener Form und Größe an Kopf und Beinen des Pferdes (*siehe auch* Blesse, Schnurblesse, Krötenmaul, Milchmaul, Laterne, Schnippe, Stern, hochweißer Fuß, weiße Fessel, weiße Krone)

Aktion: Bewegungsablauf der Beine in den verschiedenen Gangarten

Albino: Pferd ohne Farbpigmentierung. Der Albino hat weißes Fell, rosa Haut und rote Augen.

Alter: Großpferde können über 20 Jahre, Ponys bis zu 40 Jahre alt werden. Das Alter eines Pferdes kann anhand seiner Zähne geschätzt werden.

Am Zügel gehen: ein Pferd geht am Zügel, wenn es eine bestimmte Kopfhaltung einnimmt.

Appaloosa: Es gibt fünf verschiedene Appaloosazeichnungen. Leopardenschecke: weiß mit dunklen Flecken; Marmorschecke: Tupfen mit dunkler Farbe am Rand und weißem Muster in der Mitte; Schneeflockenschecke: weiße Tupfen hauptsächlich im Hüftbereich; Schabrackenschecke: dunkle Grundfarbe mit weißer oder getupfter „Decke" über den Hüften; Frost: weiße Punkte auf dunklem Fell

Ausbrechen: seitliches Ausweichen des Pferdes

Bande: die seitliche Begrenzung einer Reitbahn

Behang: *siehe* Kötenbehang

Beschäler: Deckhengst

Beschlagen: *siehe* Hufeisen

Blesse: weißer Streifen, der von der Stirn bis zu den Nüstern verläuft. Ist dieser Streifen sehr schmal, nennt man ihn Schnurblesse (*siehe auch* Abzeichen).

Bocksprünge: Sprünge des Pferdes mit gewölbtem Rücken und gesenktem Kopf

Brandzeichen: Kennzeichen einer bestimmten Rasse oder auch des Besitzers, das in die Haut des Pferdes gebrannt wird. Da das Fell an dieser Stelle nicht nachwächst, bleibt das Brandzeichen sichtbar.

Brauner: hell- bis dunkelbraunes Pferd, dessen Mähne und Schweif schwarz sind

Campdrafting: landestypischer Sport in Australien, bei dem von einem Reiter ein Rind aus der Herde isoliert wird

Cremello: Der Cremello ist eine Kreuzung aus zwei Palominos.

Cutting: Aussondern eines Rindes aus einer Herde

Distanzreiten: Diese Langstreckenritte finden über Distanzen von 25 bis 160 Kilometern statt.

Dressur: Ausbildung des Pferdes, die eine korrekte Ausführung bestimmter Übungen und Figuren verlangt

Einreiten: Grundausbildung eines jungen Pferdes

Eventing: Vielseitigkeitsreiten, das aus Dressurreiten, Querfeldeinrennen und Springreiten besteht

Exterieur: Erscheinungsbild des Pferdes (*siehe auch* Interieur)

Falbe: Pferd mit grauem, braunem oder cremefarbenem Fell und Aalstrich. Mähne und Schweif sind schwarz.

Farben: *siehe* Grundfarben

Fessel: Bereich zwischen Fesselkopf und Huf

Flat (Foot) Walk: raumgreifender Viertaktgang

Fohlen: junges Pferd, bis zu einem Jahr alt

Foxtrott: charakteristische Gangart

des Missouri Foxtrotter. Bei dieser Gangart gehen die Vorderbeine des Pferdes im Schritt, während die Hinterbeine traben.

Fuchs: Pferd mit braunem, rötlichem oder goldenem Fell. Mähne und Schweif sind braun bis flachsfarben.

Galopp: Hauptgangart. Der Galopp ist ein Dreitaktgang und die schnellste Gangart des Pferdes.

Gangart: Die Hauptgangarten sind Schritt, Trab und Galopp. Jede Gangart hat eine bestimmte Fußfolge.

Gangpferd: Neben den drei Hauptgangarten beherrschen Gangpferde mindestens eine weitere Gangart.

Gebäude: Körperbau des Pferdes

Gerte: dient zum Hilfegeben beim Reiten, darf aber niemals als Strafe eingesetzt werden. Springgerten sind im Gegensatz zu den Dressurgerten kurz (*siehe auch* Reiterhilfen).

Geschirr: Riemenzeug, mit dem ein Pferd vor einen Wagen gespannt wird

Gestüt: Zuchtstätte für Pferde

Grundfarben: Braune, Füchse, Rappen, Schimmel

Gurtentiefe: Maß für den Umfang des Brustkorbs, der hinter den Vorderbeinen gemessen wird

Gymkhana: Reiterspiele, die vom Ponyrücken aus gespielt werden

Halbblut: Kreuzung eines Vollblutpferdes mit einer anderen Rasse

Halfter: Zaum ohne Gebiss zum Anbinden oder Führen des Pferdes

Hartes Maul: wird durch grobe Einwirkung der Zügel verursacht. Das Pferd kann dann nicht mehr auf Zügelhilfen reagieren.

Hechtkopf: nach innen gewölbte Profillinie

Hengst: männliches Pferd, das nicht kastriert wurde (*siehe auch* Wallach)

Hilfen: *siehe* Reiterhilfen

Hinterhand: Hintergliedmaßen, Kruppe und Schweif des Pferdes

Hochweißer Fuß: Abzeichen vom Huf bis zum Sprunggelenk

Hohe Schule: klassische Reitkunst

Hufbürste: wird zur Reinigung der Hufe eingesetzt (*siehe auch* Putzzeug)

Hufeisen: Damit werden die Hufe beschlagen, um eine übermäßige Abnutzung auf hartem Untergrund zu verhindern. Hufeisen bestehen aus Stahl, Kunststoff oder Aluminium. Daneben gibt es die sogenannten Hufschuhe.

Hufkratzer: Metallgerät zum Reinigen der Hufe (*siehe auch* Putzzeug)

Hufschuhe: dienen dem temporären Schutz der Hufe. Sie werden speziell angepasst und über den Huf des Pferdes gezogen.

Interieur: Charakter eines Pferdes (*siehe auch* Exterieur)

Jährling: einjähriges Pferd

Jibbah: vorgewölbte Stirn beim Araber

Jockey: Reiter von Pferderennen

Kaltblut: Bezeichnung für schwere Pferderassen, die im Allgemeinen als Zugpferde eingesetzt werden

Kandare: Stangengebiss mit seitlichen Kandarenbäumen, das mit einer Unterlegtrense verwendet wird. Die Kandare hat eine viel stärkere Auswirkung auf das Pferdemaul als die Trense und wird erst bei fortgeschrittener Ausbildung verwendet.

Kandarenbäume: seitliche Hebelstangen eines Kandarengebisses, an denen die Zügel eingehängt werden (*siehe auch* Kandare).

Kanter: leichter Galopp, Dreitaktgang

Kapriole: Lektion der Hohen Schule, bei der das Pferd mit allen vieren in die Luft springt

Kardätsche: Bürste für das Pferdefell (*siehe auch* Putzzeug)

Keilkopf: Der Kopf wirkt von der Seite betrachtet keilförmig.

Kolik: Zeichen für eine Störung im Magen- und Darmbereich des Pferdes. Zu den häufigsten Ursachen zählen etwa das Fressen verdorbenen Futters, überhastetes Fressen oder die Aufnahme von kaltem Wasser bei Erhitzung. Eine Kolik äußert sich unter anderem durch häufiges Wälzen.

Konkav: Als konkav bezeichnet man ein nach innen gewölbtes Profil, etwa beim Araber (*siehe auch* Hechtkopf).

Konvex: Als konvex bezeichnet man ein vorgewölbtes Profil (*siehe auch* Ramskopf).

Kopfscheu: Ein Pferd, das sich nicht am Kopf berühren lässt, nennt man kopfscheu.

Koppen: Luftschlucken

Kötenbehang: lange Behaarung der Fessel. Kaltblutpferde haben oft einen ausgeprägten Behang.

Krötenmaul: weißes Maul (*siehe auch* Abzeichen)

Kruppe: Teil des Rückens vom Kreuz bis zum Schweifansatz

Kummet: gepolsterter Ring, der um den Hals des Pferdes gelegt wird. Teil des Zuggeschirrs

Kupieren: Amputation des Schweifes aus optischen Gründen. Das Kupieren ist heute in vielen Ländern verboten.

Laterale Gangart: Bei den lateralen Gangarten werden jeweils die gleichseitigen Beinpaare angehoben.

Laterne: völlig weißes Gesicht (*siehe auch* Abzeichen)

Leichtes Pferd: Leichte Pferde sind aufgrund ihres schmalen Körperbaus zum Reiten und Kutschfahren geeignet.

Longe: Leine, an der das Pferd im Kreis geht, zum Beispiel beim Voltigieren

Mähnenkamm: Metallkamm für Mähne und Schweif (*siehe auch* Putzzeug).

Marcha Batida: diagonaler Viertaktgang (Trabtölt)

Marcha Picada: weicher lateraler Gang mit wenig vertikaler Bewegung (Tölt)

Martingal: Hilfszügel, der zwischen den Vorderbeinen des Pferdes

hindurchgeführt und an Sattelgurt und Zaumzeug befestigt wird. Er soll das Pferd daran hindern, den Kopf zu weit anzuheben. Das Martingal sollte nur kurzzeitig und von geübten Reitern verwendet werden.

Maulesel: Kreuzung aus Pferdehengst und Eselstute

Maultier: Kreuzung aus Eselhengst und Pferdestute

Mehlmaul: *siehe* Milchmaul

Merry Walk: schneller Viertaktgang mit deutlichem Kopfnicken

Milchmaul: weiße Lippen (*siehe auch* Abzeichen)

Nachgurten: Nachziehen des Sattelgurtes einige Minuten nach dem Satteln, um ein Verrutschen des Sattels zu verhindern

Nüstern: Nasenlöcher des Pferdes

Overo: weiße Flecken auf dunklem Fell, Farbvariante des Pinto

Paint: gescheckter Farbtypus, der aber in Nordamerika als Rasse betrachtet wird (*siehe auch* Pinto)

Palomino: Rasse oder auch Farbtyp, bei dem Fell, Mähne und Schweif goldfarben sind

Parcours: festgelegte Strecke mit Hindernissen (*siehe auch* Springreiten)

Paso Corto: viertaktiger Tölt, der weich und trabähnlich ist, eine charakteristische Gangart der Rasse Paso Fino

Paso Fino: Pferderasse und charakteristische Gangart derselben. Der viertaktige Tölt hat eine hohe Aktion, das heißt, trotz des geringen Tempos dieser Gangart bewegen sich die Beine des Pferdes schnell.

Paso Largo: charakteristische Gangart der Rasse Paso Fino, viertaktiger Tölt. Diese schnelle, raumgreifende Gangart liegt zwischen Kanter und Galopp.

Pass: schnelle Gangart mit Flugphase, bei der das Pferd jeweils die Beine einer Seite anhebt

Piaffe: Dressurübung aus der Hohen Schule, bei der das Pferd auf der Stelle trabt

Piebald: Piebald-Schecke wird ein Pferd mit weißen oder schwarzen Flecken genannt

Pinto: gilt in Nordamerika als Rasse, sonst als Farbtyp jeglicher Züchtung. Das Fell weist eines der beiden Muster Tobiano oder Overo auf.

Pirouette: Übung aus der Hohen Schule, bei der sich das Pferd mit Galoppsprüngen um die Hinterhand dreht

Pleasure Walk: langsamer, versammelter Viertaktgang zwischen Schritt und Trab

Polo: Ballspiel zu Pferde zwischen zwei Mannschaften

Pony: ausgewachsenes Pferd einer kleineren Rasse. Ponys sind maximal 148 cm Stockmaß groß.

Putzzeug: Geräte zum Putzen des Pferdes, etwa Striegel, Kardätsche, Schwamm, Hufkratzer, Hufbürste, Mähnenkamm etc.

Rack: Renntölt

Ramskopf: aufgewölbte Profillinie

Rappe: schwarzes Pferd, dessen Mähne und Schweif ebenfalls schwarz sind

Rasse: Pferdegruppe, die selektiv gezüchtet wird und bestimmte Kriterien erfüllt

Reiterhilfen: Anweisungen des Reiters an das Pferd. Die Hilfen werden durch Zügel, Verlagerung des Gewichts, Schenkel und Stimme erteilt. Künstliche Hilfen erfolgen beispielsweise durch Gerte und Sporen.

Reitpferd: Pferd, das aufgrund seines Körperbaus und seiner Gänge am besten zum Reiten geeignet ist

Running Walk: Viertaktgang, sehr schneller Tölt

Rosse: empfängnisbereite Zeit der Stute

Sattel: Sitz des Reiters, der mithilfe des Sattelgurtes auf dem Rücken des Pferdes befestigt wird. Je nach Bedarf gibt es Dressur-, Spring-, Renn- und Vielseitigkeitssättel.

Satteldecke: wird als Schutz und Polsterung unter den Sattel gelegt

Schecke: geflecktes Pferd

Schenkelhilfen: *siehe* Reiterhilfen

Scheuen: jähes Zurückweichen des Pferdes vor Schreck

Scheuklappen: Sichtschutz vor den Augen des Pferdes, damit es sich nicht erschreckt

Schimmel: Pferde mit weißem, grauweißem oder braunweißem Fell. Schimmel kommen in der Regel mit einem dunkleren Fell zur Welt, das erst im Laufe der Zeit aufhellt.

Schnippe: weißer Fleck auf der Nase (*siehe auch* Abzeichen)

Schnurblesse: *siehe* Blesse

Schritt: Grundgangart. Der Schritt ist ein langsamer Viertaktgang ohne Schwebephase.

Schule über der Erde: klassische Dressurlektionen, bei denen die Vorderbeine oder alle vier Beine den Boden nicht berühren

Schwamm: Für die Pflege des Pferdes werden zwei Schwämme benötigt. Mit dem einen werden Nüstern und Augenbereich gesäubert, mit dem anderen wäscht man das Pferd ab, wenn es geschwitzt hat (*siehe auch* Putzzeug).

Schweif: besteht aus Schweifrübe und Langhaar. Im Gegensatz zu anderen Tieren spricht man beim Pferd vom Schweif, nicht vom Schwanz.

Schweifriemen: Gurt, der am Sattel oder am Zuggeschirr befestigt wird und über den Rücken des Pferdes um die Schweifrübe geführt wird.

Schweifrübe: oberer Teil des Schweifes, auf dem die Haare wachsen

Schweres Pferd: Kaltblüter mit breitem, kompaktem Körperbau

Skewbald: ein Skewbald-Schecke hat Flecken unterschiedlicher Farbe

Slow Gait: langsamer Viertaktgang des American Saddlebred

Spanische Reitschule: Die Spanische Reitschule in Wien wurde im Jahr 1572 gegründet und gilt als älteste Reitakademie der Welt. In der Hohen Schule der Reitkunst werden ausschließlich Lipizzaner eingesetzt.

Sporen: Metallstück mit stumpfem Metalldorn, der mit Riemen am Reitstiefel befestigt wird, um die Schenkelhilfen zu unterstützen (*siehe auch* Reiterhilfen). Beim Westernreiten haben

die Sporen die Form von stumpf gezackten Sternrädchen.

Sportpferd: als Sportpferde werden warm- und vollblütige Rassen eingesetzt

Springreiten: bei diesem Sport überwindet das Pferd die Hindernisse eines Parcours in bestimmter Reihenfolge, wobei Sprünge in Höhe, Weite oder beidem verlangt werden.

Stehmähne: abgeschorene Mähne

Steigbügel: Bügel für den Fuß des Reiters. Die Steigbügel sind über verstellbare Riemen am Sattel befestigt.

Steigen: ein Pferd steigt, wenn es sich auf die Hinterbeine stellt

Stern: Fleck auf der Stirn (*siehe auch* Abzeichen)

Stockmaß: Höhe des Pferdes vom Boden bis zum höchsten Punkt des Widerrists

Strahl: Teil des Hufes

Strahlfäule: bakterielle Entzündung des Strahls

Striegel: Putzgerät zur groben Reinigung des Fells an Rumpf und Hals oder zum Abstreichen der Kardätsche (*siehe auch* Putzzeug)

Stutbuch: Register, in das die Abstammung von Pferden durch einen Zuchtverband eingetragen wird, sofern sie bestimmte Bedingungen erfüllen

Stute: weibliches Pferd

Sulky: zweirädriger Wagen, den das Pferd bei Trabrennen zieht

Termino: typische Gangart des Paso Peruano, bei der die Vorderbeine eine dem Schwimmen ähnliche Seitwärtsbewegung ausführen

Tete: der erste Reiter einer Abteilung

Tigerschecke: Pferd mit heller Grundfarbe und andersfarbigen Flecken

Tobiano: farbige Flecken auf weißem Fell, Farbvariante des Pinto

Tölt: mittelschneller bis sehr schneller Viertaktgang, der besonders bequem für den Reiter ist

Trab: Hauptgangart. Der Trab ist ein mittelschneller Zweitaktgang, bei dem jeweils die diagonalen Beinpaare angehoben werden.

Trabrennen: Rennen mit speziell gezüchteten Pferden. Fällt das Pferd während des Rennens in den Galopp, wird es disqualifiziert (*siehe auch* Sulky).

Trense: Bestandteil des Zaumzeugs, bestehend aus einem Gebissstück mit

Ringen an der Seite, an denen die Zügel befestigt sind. Häufig wird auch der gesamte Zaum als Trense bezeichnet.

Vielseitigkeitsreiten: *siehe* Eventing

Vollblut: reinrassiges Pferd. Die beiden Hauptrassen sind Vollblutaraber und Englisches Vollblut.

Voltigieren: Vorübung zum Reiten, die vor allem bei Kindern beliebt ist. Beim Voltigieren wird das Pferd an der Longe geführt, während der Reiter Übungen auf dem Pferderücken praktiziert.

Vor(der)hand: Kopf, Hals, Schulter, Brust und Vordergliedmaßen des Pferdes

Wallach: kastrierter Hengst

Warmblut: Der Warmblüter vereint Merkmale von Kalt- und Vollblut

Weben: Verhaltensweise des Pferdes, bei der es Kopf und Hals ständig hin und her wiegt oder das Gewicht von einem Vorderbein auf das andere verlagert

Weiße Fessel: Abzeichen, das vom Huf bis zur Fessel reicht

Weiße Krone: schmales, kranzförmiges Abzeichen oberhalb des Hufes

Widerrist: höchste Stelle des Pferderückens

Wurzelbürste: dient der groben Reinigung des Fells (*siehe auch* Putzzeug)

Zaumzeug: Riemenwerk am Kopf des Pferdes (*siehe auch* Trense, Halfter, Kandare)

Zügel: verbindet das Gebiss des Pferdes mit der lenkenden Hand des Reiters.

Zügelhilfen: *siehe* Reiterhilfen

Zuggeschirr: *siehe* Geschirr

Zugpferd: Pferd, das für Zugarbeiten geeignet ist, zumeist Kaltblüter

REGISTER

A
Abzeichen 23
Achal-Tekkiner 89
Altér Real 184–185
American Bashkir Curly 117
American Saddlebred 120
American-Walking-Pony 42
American-Shetland-Pony 41
Andalusier 188–189
Anglo-Araber 144–145
Appaloosa 118–119
Araber 112–113
Ardenner 208–209
Ariègeois 64–65
Australian Stock Horse 92–93
Australisches Pony 34–35
Auxois 210
Aveligneser 78–79

B
Bardigiano-Pony 77
Basuto-Pony 28–29
Bayerisches Warmblut 155
Belgisches Warmblut 138
Berber 84–85
Boulonnais 211
Brabanter 200–201
Bretone 212
Brumby 94
Budjonny 108

C
Calabreser 178–179
Camargue-Pferd 151
Canadian Cutting Horse 116
Cleveland Bay 139
Clydesdale 202–203
Cob 234–235
Colorado Ranger 121
Comtois 213
Connemara-Pony 70–71
Criollo 172–173

D
Dales-Pony 47
Dänisches Warmblut 148
Dartmoor-Pony 48–49
Don-Pferd 109
Dressurreiten 25

E
Einsiedler 171
Englisches Vollblut 142–143
Eventing 25
Exmoor-Pony 50

F
Falabella-Pony 74–75
Farben 23
Fell-Pony 51
Fjordpferd 72
Französischer Traber 152–153
Französisches Reitpony 66
Frederiksborger 149
Freizeitreiten 25
Friese 166–167
Furioso 96–97

G
Galiceño-Pony 40
Galopprennen 24
Garrano 73
Gelderländer 168
Geschichte 20
Gidran 98
Groninger 169

H
Hack 230–231
Hackney 140–141
Hackney-Pony 52–53
Haflinger 46
Hannoveraner 156–157
Highland-Pony 54
Hispano 191
Holländisches Warmblut 165
Holsteiner 158–159
Hunter 228–229

I
Indisches Halbblut 86
Irish Draught 222–223
Islandpferd 69
Italienisches Kaltblut 225

J
Jütländer 207

K
Kabardiner 103
Kartäuser 190

Kaspisches Pony 38–39
Kathiawari 87
Kladruber 196
Knabstrupper 150
Konik 36–37

L
Landais-Pony 67
Lipizzaner 186–187
Litauer 102
Lundy-Pony 55
Lusitano 192–193

M
Mangalarga Marchador 174
Manipur-Pony 31
Maremmano 180
Marwari 88
Maultier 238–239
Missouri Foxtrotter 122–123
Mongolisches Pony 33
Morab 124
Morgan 125
Muraközer 197
Murgese 181
Mustang 126–127
Mythen und Legenden 14

N
New-Forest-Pony 56–57
Niederländisches Kaltblut 221
Nonius 99
Nooitgedachter 30
Nordschwede 224
Noriker 199
Normannischer Cob 216

O
Oldenburger 160
Orlow-Traber 110–111

P
Palomino 128–129
Paso Fino 176–177
Paso Peruano 175
Percheron 214–215
Persischer Araber 114–115
Pferdetypen 22, 226–239
Pindos-Pony 76
Pinto 130–131
Poitevin 217
Polo-Pony 236–237
Pony of the Americas 44–45
Pottok-Pony 68
Przewalski-Pferd 90–91

Q
Quarter Horse 132–133

R
Rassen 22
Reitpony 232–233
Rheinisches Kaltblut 218–219
Rheinisches Warmblut 161
Rocky-Mountain-Pferd 134
Rocky-Mountain-Pony 43
Russischer Traber 107

S
Salerner 182
Sanfratellano 183
Schleswiger 220
Schwedisches Warmblut 170
Selle Français 154
Shagya-Araber 100–101
Shetland-Pony 58–59
Shire 204–205
Sorraia 80–81
Sport und Freizeit 24–25
Springreiten 25
Standardbred 135
Suffolk Punch 206
Sumba- und Sumbawa-Pony 32

T
Tennessee Walker 136–137
Tersker 104
Trabrennen 24
Trakehner 105

W
Waler 95
Wanderreiten 25
Welsh-Cob 62, 146–147
Welsh-Pony 63
Welsh-Mountain-Pony 60–61
Westfale 162–163
Wielkopolski 106
Wladimirer Kaltblut 198
Württemberger 164

BILDNACHWEIS

Die Bildrechte aller Fotos in diesem Buch liegen bei Kit Houghton Photography, mit Ausnahme der folgenden:

Bob Langrish: 94, 106, 109, 120, 124, 171, 207 und 224

Dank geht an Kit und Kate Houghton, Debbie Cook und Bob Langrish für ihre Hilfe bei der Produktion dieses Buches.